ついに動き出した吉備太秦のシナリオ

¥43,000,000,000,000,000

「4京3000兆円」の巨額マネーが天皇陛下と小沢一郎に託された

板垣英憲

ヒカルランド

天皇陛下の「ビデオ・メッセージ」を安倍晋三首相はじめ多くの国民は「生前退位」のご意向を述べられたものと受け止めた。

しかし、天皇陛下の「ご真意」は、ご自身の身の上についてではなく、日本が戦前のような「いつか来た道」に逆戻りすることを案じられるとともに、G7に分配（シェア）される「ゴールド・ボンド」による巨額資金が、世界平和と繁栄のために有効に使われるようとの願いを伝えるメッセージであった。

火山列島である日本は「黄金の国ジパング」と言われてきたように、日本列島の各地から「金を産出」できる。

現在、代表的な「金鉱山」は、鹿児島県伊佐市で住友金属鉱山が経営している「菱刈鉱山」だ。

だが、金鉱脈の規模は、公に発表されている規模どころではなく、ほかにも大規模な金鉱脈を発見しているうえに、宇宙からの探査を続けているという。

政治家は見た目やマスコミがつくったイメージといったことで選ぶものではない。

第三の心眼を開いてその人間のやってきたこと、実績をよく考えて、選んでほしい。

そういう意味では、いま本当に人類は、これから幸せな世界を築くことができるか、もしくは滅んでしまうかという、最大の岐路に、この瞬間差し掛かっている。

大多数の国民は、小沢一郎という政治家に対してあまりいい印象を持っていないかもしれない。

しかし、政策面からいえば、小沢一郎の政策はゴールドマン・ファミリーズ・グループの目指す方向と合致している。

世界は日本人の覚醒を待ち望んでいる。

世界に冠たる精神世界と技術を有する日本人は、天皇皇后両陛下が日頃、仰っているように、相手の立場になって物事を考え、奪い合うのではなく、分かち合う和の文化を持って、いまこそ世界に貢献すべき時を迎えた。

はじめに　天皇陛下と小沢一郎が世界を救う！

天皇陛下は、「ゴールド・ボンド」と称する資金を世界各国に分配（シェア）されている

天皇陛下は、自らが頂点に立つ世界支配層「ゴールドマン・ファミリーズ・グループ」が管理している運用資金によって生み出す巨額資金から「ゴールド・ボンド」と称する資金を世界各国に分配（シェア）されている。

この「ゴールド・ボンド」は、「天皇陛下を中心とする３００人の個人委員会（英国エリザベス女王はじめ各国の国王、貴族、財閥、高級官僚などで構成）」の下の「世界銀行→ＩＭＦ（国際通貨基金）」で運用した利益が元になっている。具体的には、日清戦争（１８９４年7月25日～１８９５年11月30日）・日露戦争（１９０４年2月8日～１９０５年9月5日）時の国債を償還した資金を私募債にして運用して得た利益、ＭＳＡ（相互安全保障法）関係資金の一部など、３種類の資金を合わせて1つにしたものであるという。

巨額資金の規模は、「4京3000兆円」。このうち第1弾（2016年8月5日から始まり、9月12日完了）は、G7（日本、米国、英国、フランス、ドイツ、イタリア、カナダ）を対象とした「2300兆円」で、2016年10月8日、分配（シェア）の準備が整った第2弾、第3弾……と順次分配（シェア）していく。

分配の目的は、**「国際経済の立て直し」「貧富の格差解消」「ハンガー・ゼロ（飢餓のない社会）実現」「第3次世界大戦の回避」「地球環境の改善」「原発廃炉」**などである。

「最高のサイナー」天皇陛下は、IT技術に精通しておられる

天皇陛下は、日本IBMで日本のSE（システムエンジニア）第1号の技術者（今村茂雄氏＝東大工学部卒）からコンピューター操作を学び、IT技術に精通しておられる。天皇陛下は今回の「ゴールド・ボンド」分配（シェア）の最高のサイナー（口座管理人）で、その下にフィリピンのフェルディナンド・マルコス元大統領の妻、イメルダ・マルコス夫人はじめ各国にサイナーが複数いる。

日本のサイナーである「吉備太秦」は、日本のIT社会を築いた功労者の1人であり、「フラグシップ（司令塔）」の役割を果たしている。

小沢一郎代表は、世界に新しい秩序「新機軸」を樹立する使命と役割を与えられている

小沢一郎自由党代表は、世界支配層から世界に新しい秩序「新機軸」を樹立し、「恒久の平和」（日本国憲法前文第二項）を築く使命と役割を与えられている。これは、「天命」であり、小沢一郎代表は、天皇陛下の「光被」（君徳などが広く世の中に行き渡ること）を受けて、使命と役割を果たす責任と義務を課せられている。そのために世界支配層は、「小沢一郎政権」を樹立する。小沢一郎代表に白羽の矢が当てられた訳について、吉備太秦は、こう言う。

「政治家が、正しい政治を行わなければ、いくらカネだけ配っても、貧困がなくなり、戦争もなくならなければ、何にもならない。その先鞭をつけられるのは、小沢一郎さんしかいない。だから、ゴールドマン・ファミリーズ・グループ、すなわち、天皇陛下とジェイコブ・ロスチャイルドが、小沢一郎さんを選んだ。その意味で責任も重い」

天皇陛下の「ビデオ・メッセージ」、いわゆる「平成の玉音放送」の真意

「ゴールド・ボンド」の分配は、2016年8月5日から始まり、9月12日に完了した。この当初の8月8日、天皇陛下は、「ビデオ・メッセージ」、いわゆる「平成の玉音放送」をテレビ映像により発せられた。これは一般的には、「生前退位」のご意向を述べられたと受け止められた。だが、真意は「分配金を正しく使ってほしい」というメッセージであった。だから、「生前退位」とは、一言も言っておられない。

天皇陛下を戴《いただ》く世界支配層「ゴールドマン・ファミリーズ・グループ、300人の個人委員会、世界銀行→IMF（国際通貨基金）」は、巨額資金運用益を「ゴールド・ボンド」と名づけて、最も大きな信頼を寄せている小沢一郎代表を軸にして各国への分配（シェア）を進めている。小沢一郎代表は、世界秩序と平和のための「新機軸」を築く使命と役割を担っており、その責任は重い。天皇陛下は、それほどまで小沢一郎代表に「勅命」とも言うべき重責を課せられ、大きな期待を寄せられている。それは、なぜか。

一言で言えば、小沢一郎代表が抱いている天皇陛下への崇敬の念と真摯《しんし》な姿勢が、天皇陛下の「御心《みこころ》」をしっかり捉えているからである。たとえば、国会召集の際、小沢一郎代

表は、いつも1人で国会正面玄関前に天皇陛下ご到着の30分前から威儀を正してお迎えしている。雨が降っていても、大風が吹こうとも、微動もしない。この小沢一郎代表の真摯な姿勢に、共産党の志位和夫委員長ら同党幹部が心を動かされた。志位和夫委員長は2015年12月24日、国会内で大島理森《ただもり》衆院議長と面会し、2016年1月4日召集の通常国会の開会式に同党議員が出席すると伝えた。天皇制を批判していた共産党は開会式に天皇が臨席し、お言葉を述べる形式は、「憲法の天皇の『国事行為』から逸脱する」として1947年の第1回国会以降、出席していなかったのだが、その方針を転換し、1月4日、天皇陛下をお迎えして開かれた通常国会の開会式に出席した。

志位和夫委員長や山下芳生《よしき》書記局長（当時）らは開会式が開かれた参院本会議場の後方の座席に横並びになって着席。天皇陛下が議場に入られると起立し、開会のおことばを述べられている間は、頭を下げて聞き入っていた。なお、志位和夫委員長に国会開会式への出席を促していたのは、小沢一郎代表だった。躊躇する志位和夫委員長は、小沢一郎代表から「出席しにくいのなら、私が付き添うから」と言われて、これに応じたという。

日本国憲法（1946年11月3日公布）は、第一章　天皇　第一条で「天皇は、日本国の象徴であり日本国民統合の象徴であつて、この地位は、主権の存する日本国民の総意に基く」と規定している。

大日本帝国憲法を日本国憲法に改正する際に、深く関わったのは、連合国軍最高司令官総司令部（GHQ／SCAP）内部の組織で占領政策の中心を担った「民政局」（Government Section、通称：GS、1945年10月2日発足）である。局長はダグラス・マッカーサー司令官の分身と呼ばれたコートニー・ホイットニー准将。その部下に局長代理のチャールズ・ケーディス大佐（1948年に次長に昇格）、フランクリン・ルーズベルト大統領のニューディール政策に参画したニューディーラーをはじめ、太平洋問題調査会（IPR）系の日本研究家トーマス・アーサー・ビッソン、ミネソタ大学のハロルド・キグリー教授、ノースウェスタン大学のケネス・コールグローブ教授ら、日本研究の専門家が多数所属していた。GSは、戦時中から大日本帝国憲法と大日本帝国の統治機構を研究していた。そして自ら憲法制定作業に乗り出す機会をうかがっていた、ユダヤ勢力を中心とする「ニューディール派」と呼ばれたドイツ系ユダヤ人であるチャールズ・ケーディス大佐らは、ドイツ・ワイマール憲法を教条主義的に日本国憲法に盛り込み、大日本帝国憲法の絶対君主的「天皇」を国民主権＝民主主義的「象徴天皇」に変質させた。

これに対して、自民党は、日本国憲法改正草案（2012年4月27日決定）で「第一章　天皇（天皇）第一条　天皇は、日本国の元首であり、日本国及び日本国民統合の象徴であって、その地位は、主権の存する日本国民の総意に基づく」と規定、「天皇は、日本国の元首であり」と改憲（加憲）して、絶対君主的「天皇」に先祖がえりさせた。

なお、小沢一郎代表は、自由党（1998年〜2003年）党首時代、「文藝春秋」（1999年9月特別号）で「日本国憲法改正試案」を発表している。この中で、「天皇」について、以下のように自説を述べている。

「日本国憲法は立憲君主制の理念に基づく憲法である。天皇が一番最初に規定されていることからも。それは明らかではないか。

元東大教授の宮澤俊義氏などが『国家元首は内閣総理大臣である』と主張しているのも間違いである。宮澤説は大日本帝国憲法との比較において日本国憲法は共和制であると位置づけているのであるが、例えば第六条に書かれているように、主権者たる国民を代表し、若しくは国民の名に於いて内閣総理大臣及び最高裁判所長官を任命するのは天皇である。又、外国との関係でも天皇は元首として行動し、外国からもそのようにあつかわれている。このことからも国家元首が天皇であることは疑うべくもない。天皇が国家元首であることをきちんと条文に記すべきであると主張する人もいるが、今の文章のままでも天皇は国家元首と位置づけられている。宮澤説は私も学生時代に何回も読んで勉強した経験をもっているが、戦後社会や今日にも成されている、戦後左翼が好んでする議論に通ずるものだと思う」

習近平国家主席から「東京の仇を北京で取られている」安倍晋三首相

安倍晋三首相は2014年11月10日から12日までの日程で、中国の首都北京市で開催されたアジア太平洋経済協力会議（APEC）の首脳会議の際、習近平国家主席と日中首脳会談実現を熱望していた。だが、立ったままの儀礼的挨拶は交わせても、正式な会場できちんと着席して首脳会談を行うのは、ほぼ絶望視されていた。最悪の場合、菅直人首相（当時）が2010年11月13日に横浜市で開かれたAPEC首脳会議の際、胡錦濤国家主席（当時）と会場の片隅で一応椅子に座って面会し話を交わしたもののペーパーを棒読みするのみで、海外に恥をさらしたように、あるいはそれ以上に、みっともない儀礼的挨拶に終わるのではないかと考えられていた。これは一体、安倍晋三首相と習近平国家主席のどちらが悪いのか？

はっきり言って、これは安倍晋三首相の身勝手な「片思い」で、習近平国家主席は、そもそもから安倍晋三首相が嫌いなのだ。その原因は、習近平国家主席が副主席（中国共産党序列6位）のとき、今上天皇陛下が2009年12月15日、「特例会見」（引見）したときにさかのぼる。天皇陛下は1998年にも、訪日した当時副主席だった胡錦濤前国家主席に「引見」していた。これは、「次期国家主席」であることをアピールする狙いがあった。習近平国家副主席は、この前例に倣《なら》おうとした。そして中国側は２００９年11月23日、習近平国家副主席の訪日日程を正式に伝達、外務省が26日、宮内庁に天皇と習近平国家副主席の会見を打診したが、宮内庁は27日、「１か月ルール」に照らして応じることはできないと返答した。これに対して、民主党の小沢一郎幹事長（当時）が鳩山由紀夫首相（当時）に「会見はやらないとだめだ」「何をやっとるのか」「ゴチャゴチャやっとらんで早くせい」と電話で伝え、こうした一連の経緯の後、「引見」は実現した。だが、野党だった自民党は、これを激しく批判した。安倍晋三元首相（当時）は、批判の急先鋒だった。

安倍晋三元首相は２００９年12月12日、「歴代自民党政権は『１か月ルール』を厳守してきた。（会見を要請してきたなかには）日本にとって重要な要人もいたが、例外なく断ってきた。陛下のご日程に政治的、外交的思惑を入れてはいけないと自制してきた」「胡錦濤国家主席の小沢一郎幹事長訪中団に対する異例の大歓待を引き出すための約束だったからではないか」などと厳しく批判した。それは、小沢一郎幹事長が12月10日から13日までの日程で、中華全国青年連合会と中国共産党中央対外連絡部の招きに応じ、民主党と日中至誠基金が、日本民主党代表団及び第16次「長城計画」友好交流使節団を引率し、北京を訪問することになっていた矢先の出来事だったからである。このときの代表団は民主党の小沢一郎幹事長を名誉団長、民主党の輿石東《こしいしあずま》参議院議員会長を名誉副団長、民主党の山岡賢次国対委員長を団長とし、民主党国会議員や社会各界の代表など、631人からなり、民主党政権誕生後、初の大規模な訪中団であった。

安倍晋三元首相は2009年12月14日、「民主党の小沢一郎幹事長、鳩山由紀夫首相が国益ではなく自分たちのために、いままで守ってきたルールを破った。天皇陛下を政治利用したと断じざるを得ない。いまからでも遅くないので、中国側に取り下げてもらうよう要請すべきだ」と鳩山由紀夫政権の対応を舌鋒鋭く批判していた。

ちなみに、谷垣禎一《さだかず》総裁（当時）は12月13日、「鳩山由紀夫政権は権力の行使について抑制の感覚を持っているのか。特に、憲法の運用の中でも天皇と政治の関係は極めてデリケートなものだ。いまさらいうことでもないが、天皇の国事行為は極めて限定されている。日本の政治のデリケートな部分に対して権力をどう行使するかという方向感がめちゃくちゃだ」と批判。石破茂政調会長（当時）も12月12日、「大国にも小国にも同じように接するというのが日本の皇室のあり方だった。首相、官房長官、小沢氏の意思が働いたとすれば、正しいやり方ではない。外交は皇室を利用しながらやるものではない」と批判していた。

このようなわけで、習近平国家主席は、安倍晋三首相、谷垣禎一前幹事長、石破茂地方創生担当相らのことをいまだに「不愉快」に思っている。だから安倍晋三首相から「日中首脳会談」を熱望されても、すんなりと応じる気分にはなれなかったのだ。言うなれば、いまだに「意趣返し」をしていると見てよい。「江戸の仇を長崎で取る」の譬《たと》えではないけれど、安倍晋三首相は、習近平国家主席から「東京の仇を北京で取られている」おり、きちんと時間を取った日中首脳会談実現はムリだったのだ。

だが、習近平国家主席は、この不愉快な感情を露骨には表に出さないでいる。その代わりに「安倍晋三首相は、靖国神社に再び参拝しないと約束せよ」「日本は、尖閣諸島の領有権をめぐり紛争状態にあることを認めて、国際社会に発表せよ」という条件を突き付け続けている。安倍晋三首相が「前提条件なしの首脳会談」を示していることには、一切妥協しない強硬な構えだ。しかし、この強硬姿勢の裏に、「今上天皇陛下との特別会見」の際に安倍晋三元首相ら自民党首脳陣に厳しく批判され、冷遇されたという感情問題が、根深く横たわっていることを見逃してはならない。

なお、福田康夫元首相が2014年7月下旬と10月29日の2回、訪中して習近平国家主席と直接会談して、「安倍晋三首相と首脳会談してほしい」と懇願したときも、習近平国家主席は、首をタテに振らなかったようだ。これは、小沢一郎代表が、首相にならない限り、「まともな日中首脳会談は実現しない」ということを意味していた。

習近平国家主席、李克強首相、朴槿恵大統領、プーチン大統領は、就任以来、天皇陛下に謁見していない

天皇陛下が日本の天皇陛下だけでなく、世界の天皇陛下として尊崇の念を持って諸国民から敬愛されているのに、「バランスの破壊者」と厳しく指弾されている安倍晋三首相の外交姿勢が近隣外交の差し障りになっている。中国共産党1党独裁北京政府の習近平国家主席、李克強首相、韓国の朴槿恵大統領は、就任以来1度も訪日しておらず、天皇陛下に謁見していない。ロシアのプーチン大統領は、安倍晋三首相と親密な関係にあると言われ、2度目になる大統領に就任していながら、北方領土返還・日ロ平和友好条約締結問題の進展が遅々として進まず、やはり天皇陛下に謁見していない。これらは、明らかに安倍晋三首相の近隣外交が失敗しているからにほかならない。国連を訪問したついでにキューバを訪問し、「地球儀を俯瞰する外交」と称して、相変らず、「バラマキ外交」を繰り広げて「観光旅行」を楽しんでいるようだが、諸国民からは、ちっとも敬愛されていない。

東京都の舛添要一前知事が、豪勢な海外旅行を続けていたことから、「都税のムダ遣い」と糾弾されて、辞任に追い込まれたのと比べると、安倍晋三首相の外遊は、政府専用機を

使い放題使い、随行員の数も半端ではなく、費用はけた外れに巨額だ。しかし、安倍晋三首相の外遊は、「費用対効果」を考えれば、ほとんど効果を上げていない。それどころか、訪問先の国々に「経済支援」を約束してきていながら、その大半が、「空手形」になっているると言われており、「信用はガタ落ち」になっていて、国益を損なっている。安倍晋三首相の責任は重い。

天皇陛下と小沢一郎が築く「世界新基軸」のシナリオ

天皇陛下の2016年8月8日の「ビデオ・メッセージ」（平成の玉音放送）によって、「日本の象徴天皇」は、「光被」、すなわち君徳（巨額資金分配）が広く世界に行き渡ることによって、「世界の象徴天皇」へ高められたとも言える。これは、「ニューディール派」が、「ワン・ワールド」を目指して意図的に書き換えて創作した「象徴天皇」の存在が、文字通り、「世界の象徴天皇」として遂に実体を得るに至ったことを意味している。同時に、日本の政府は、天皇陛下を戴く世界支配層の下の「世界銀行・ＩＭＦ」が運用する巨額資金に直接タッチできないことから、「世界の象徴天皇」としての天皇陛下には、手が出せない遠い存在となっている。安倍晋三首相も同様である。

小沢一郎代表は8月8日の記者会見の中で、天皇陛下が「ビデオ・メッセージ」（平成の玉音放送）を日本のみならず、世界に向かって発信されたことについて、「天皇陛下『お気持ち』の表明を受けて」として「このたびの陛下の「お気持ち」の表明につきまして、わが党として、これまでの陛下の御労苦等を踏まえ、大変重く厳粛に受け止めたいという思いであります。具体的な内容につきましては、『天皇の地位』に関する問題でもありますので、政治的な立場にあるものが軽々にコメントするべき性質の問題ではないと認識いたしております」と述べている。

天皇陛下はこの「ビデオ・メッセージ」（平成の玉音放送）で、「生前退位」の意向を示されたと受け止められているが、天皇陛下は「生前退位」という言葉を一言も使われていない。それなのに、安倍晋三首相は、早とちりして、「皇室典範」に「今上天皇1代限りに適用の特別立法」、あるいは「皇室典範の改正」により、「生前退位」の道を開こうとしている。憲法の「摂政」規定、あるいは「天皇の国事行為代行法」によって、天皇陛下の負担をいくらでも軽減できるにもかかわらず、これらを無視して対処しようとするのは、拙速である。

ちなみに、岩手県を訪問中だった天皇皇后両陛下は2016年10月1日、北上市の北上総合運動公園北上陸上競技場で行われた「2016希望郷いわて国民体育大会」の総合開会式にご臨席された。東日本大震災後の被災県での国体開催は初めてで、両陛下は参加者とともに震災の犠牲者に黙禱をささげられた。このとき、小沢一郎代表の直弟子である岩手県の達増《たっそ》拓也知事は、天皇皇后両陛下をご案内していた。北上市は、小沢一郎代表の地元・奥州市に隣接している。この日、小沢一郎代表は、希望郷いわて国体に参加、東日本大震災からの復興、そして感謝をテーマとした式典前演技を観客席から観ていた。天皇皇后両陛下をそっと見守っていたのである。

本書は、天皇陛下直系の吉備太秦が、「天皇陛下と小沢一郎」によって、いかにして「世界新機軸」が築かれるかを「巨額資金」の面から語り、そのシナリオと具体策を描いていく。

最後になってしまったが、本書の発刊に当たって、データ収集・写真撮影などで協力を得た全国マスコミ研究会の海野美佳代表に感謝を申し上げる。

また、本書の制作・発刊に際し、陰になり日なたになり、親身なご助言をいただきお世話になった、株式会社ヒカルランドの石井健資社長と編集部の田元明日菜さんに心より深く感謝の意を表したい。

２０１７年１月15日

板垣英憲

「4京3000兆円」の巨額マネーが天皇陛下と小沢一郎に託された　目次

第1章　43年ぶりに天皇陛下のゴールド・ボンドが動いた！

第2章 世界支配層が「小沢一郎政権」樹立を切望する

第3章 平成の玉音放送で天皇陛下が本当に伝えたかったご真意とは？

第4章　「ゴールド・ボンド」巨額資金の使用目的

第5章　「世界の警察官」から落ちぶれた米国がさらなる戦争を引き起こす⁉

第7章　黄金の国ジパング／世界一安全な資産大国、日本

カバーデザイン　櫻井浩（⑥Design）
校正　麦秋アートセンター
本文仮名書体　蒼穹仮名（キャップス）

第1章

43年ぶりに天皇陛下のゴールド・ボンドが動いた！

【吉備太秦《きびのうずまさ》のメッセージ①】

「ゴールド・ボンド」とは、もともとゴールドマン・ファミリーズ・グループの中で、使っていた隠語であり、「金本位制に基づいて発行された兌換紙幣および有価証券」を意味している。兌換紙幣は、「スイスフラン」「英国ポンド」「USドル」「ジャパニーズ円」だが、米国はすでに金塊を保有しているとは言えず、スイスは金を保有しているのではなく預かっているに過ぎず、英国は保有しているとはいえ、その量は世界の金の約1割程度である。太古の昔より圧倒的な量を生産し保有しているのは、日本国であり日本国の「天皇」なのである。つまり新基軸にあたってさらに「ゴールド・ボンド」を厳密に定義すると、「金本位制に基づいて、日本国政府が承認した中央銀行であり株式会社である日本銀行が発行した兌換紙幣および、国債等の有価証券」ということになる。新基軸におけるリアルマネーとしては、「ジャパニーズ円」がイコール「ゴールド・ボンド」ということを意味している。

日銀が所有している「金」は、世界の「金」の3分の1を占めているが、その他の世界中のほとんどの金も実質的には、ゴールドマン・ファミリーズ・グループの頂点に立つ「天皇」の「金塊」といっていい。そして、それら「天皇の金塊」を担保に、日本が世界中に円借款を供与する、もしくは世界中でスワップ協定を結べば、それぞれの国の貨幣を日銀が保証しているという構図になる。つまり、世界中のお金は、日本国が保証しているということになる。

43年ぶりにまさに「ゴールド・ボンド」として、国債運用資金が動き、同時に新基軸に向けて世界が動き出したことは、神国日本が八百万の神様の導きによって、世界を救うために、奇跡を起こしたということにほかならない。ただただ、八百万の神様に感謝の念でいっぱいである。

この資金は、戦争と貧困をなくして、持続可能な本当に自由で平等な社会を実現するために使われる。そのプロジェクトをゴールドマン・ファミリーズ・グループは**「ヒューマニタリアン・プロジェクト（人類補完計画）」**と**「インフラストラクチャー・コンストラクション・プロジェクト（インフラの整備）」**と呼んでいる。それらは、これまでのような「右肩上がりの経済」ばかりを推進するものではなく、地球環境を守りながら持続可能な経済発展を進めるための政策であり、新基軸の戦略である。

世界銀行には、「３００人の個人委員会」がある

「世界銀行（World Bank、略称：ＷＢ）には、『The committee of 300』＝『３００人の個人委員会』がある。いわゆる『Golden Families Group』（ゴールデン・ファミリーズ・グループ＝世界のロイヤルファミリー）のことだ。

３００人の個人委員会は、１７２７年に英国の東インド会社の３００人の会議をもとにして、英国貴族によって設立された。フリーメーソンの第33階級、最高大総監に相当する。これは元々、英国の東インド会社アジア貿易を目的に設立された、英国の勅許会社であった。アジア貿易の独占権を認められ、17世紀から19世紀半ばにかけてアジア各地の植民地経営や交易に従事した。

３００人の個人委員会は、以下のようなメンバーで構成されている。

王族＝２０１６年現在、世界には27の王室が存在している。デンマークの王室グリュックスブルク家（10世紀まで遡《さかのぼ》るヨーロッパ最古の王室）、英国ウィンザー朝（現王室の初代はドイツ人）、スウェーデン・ベルナドッテ王朝（現王室の初代はフランス人）、スペイン・ホルボーン朝（現王室の初代はフランス人）、タイ・チャクリー王朝、オランダ・オ

ラニエ＝ナッサウ家、ベルギー・ベルジック家（王室の初代はドイツ人）、トンガ・ツポウ家、ノルウェー・グリュックスブルク家（現王室の初代はデンマーク人）、ブータン・ワンチュク朝、サウジアラビア・二聖モスクのサウード家、バーレーン・ハリーファ家。

イルミナティ13家＝バンディ家（グラント、ガーフィールド、チェスター・A・アーサー、ルーズベルト、ジョンソンなど）、アスター家、コリンズ家、デュポン家（火薬産業で成功、GMを傘下に収め、化学業界も独占）、フリーマン家、ケネディ家（アイルランド出身、麻薬や禁酒法時代に酒密輸入などマフィア犯罪で財を成す。英国王室とも深く関与。ジョン・F・ケネディがいる。初代はスコットランド貴族ブライアン・ケネディ）、李家（億万長者で香港を仕切る李嘉誠《りかせい》、中国の李鵬《りほう》元首相、李先念《りせんねん》元首相、シンガポールの李光耀《リークアンユー》元首相など）、オナシス家（海運王やケネディ未亡人ジャクリーヌとの再婚で知られているアリストテレス・ソクラテス・オナシスは、「イルミナティの王」）、ロックフェラー家（初代石油王ジョン・デイ・ロックフェラー1世により、瞬く間に財を成した一族）、ロスチャイルド家（イルミナティの中でも最強の一族。「世界の富を半分支配している」「ユダヤの王」）、ラッセル家、ファン・ダイン家、ダビデの血流。

貴族＝エティエンヌ・ダヴィニオン子爵（1932〜　ビルダーバーグ名誉議長を務めたベルギー人）

日本は、世界銀行の巨額資金を動かすホスト・カントリーになっている

６０００年の歴史を誇る最も古い日本の天皇は別格扱いである。日本は世界最古の君主国であり、世界最古の皇室を持つ国である。皇室に名字がない事実も、天皇の王朝の古代史に遡る歴史の長さを示し、世界で唯一万世一系＝男子の系統が続いている。歴史上、女性天皇はすべて一代限りの男系の女性天皇で、女系天皇＝母親だけが皇族の天皇は一度も存在していない。日本皇室は、日本神話上は紀元前６６０年に初代天皇が即位したとされているが、現実的には4世紀頃である。聖徳太子は６世紀（５９３年）に推古天皇の摂政になっており、歴史上日本の現王朝は6世紀以降に王朝交代した証拠はなく、少なくとも１５００年もの間存続している。１５００年以前に存在した他の君主家で今日なお在位しているものは、世界のどこにもない。このことから日本は、世界銀行の巨額資金を動かすホスト・カントリーになっている。

資金元は、王族、貴族、財閥などのゴールドマン・ファミリーズ・グループ

この巨額資金の資金元となっているのは、王族、貴族、財閥などのゴールドマン・ファミリーズ・グループのメンバーで、その中心はロスチャイルド（ジェイコブ・ロスチャイルドが2016年8月6日死去後、急速に衰退）などの財閥である。ロックフェラー財閥は、デイビッド・ロックフェラーが2015年8月6日死去後、ほぼ滅亡したと言われている。第2次世界大戦後、どこの国の財政もほぼ破綻していたので、財産を持っていたロスチャイルドなどの財閥や王族が世界銀行に寄付したのだ。とくに戦勝国である米国、英国、フランスの王族、貴族、財閥は、戦争で巨額の利益を得ており、1945年に世界銀行をつくって、復興のために使ってほしいと寄付した。

こうして世界銀行を含めて組織ができ、日本は世界銀行から復興資金を借りた。そしてその後は、驚異的な速度で復興を成し遂げ1970年には一部を返済しながら、逆に資金を拠出するまでになった。

世界銀行が持っている巨額資金は現在、34桁のUSドル（日本円で36桁）と言われている。これが運用に乗せられて、どんどん膨れ上がり、天文学的な巨額資金になっているのだ。なお、この資金は米国防総省（ペンタゴン）が管理し、米CIAが守っている。

世界はたった３００人の代理人で方針を決めて、動かしている

この世界銀行の「３００人の個人委員会」には、欧州最大財閥ロスチャイルド総帥ジェイコブ・ロスチャイルドの代理人である国際弁護士らが出席してきた。つまり、世界はたった３００人の人たちが方針を決めて動かしており、これを統括している機関が、国際連合である。ロスチャイルドの代理、つまりロスチャイルド財閥およびその関連財閥と、世界の王族すべてを代表してエリザベス女王がサインをしてきたのだ。

最終承認の文書には、以下の各機関の代表者がサインしてきた。**世界銀行、国連、国際刑事裁判所、ＩＭＦ、国際決済銀行、国際司法裁判所、ファイナンシャルタスクフォース、バチカン、ホワイトハウス、ＦＲＢ、米国財務相。エリザベス女王は、ジェイコブ・ロスチャイルドの代理人。**

世界銀行は、各国の中央政府から債務保証を受けた中央銀行並びに商業銀行に対し融資を行う国際機関である。日本でいうと中央銀行である日本銀行と、日本銀行の歳入代理店（いわゆる商業銀行＝メガバンク、地方銀行）であり、信用金庫や信用組合は銀行法の適用外なので含まれない。当初は、国際復興開発銀行を指したが、１９６０年に設立された

国際開発協会とあわせて世界銀行と呼ばれている。

世界銀行はＩＭＦ（国際通貨基金）とともに、第２次世界大戦後の金融秩序制度の中心を担ってきた。国際金融世界の秩序維持が主な役割で、本部は米国ワシントンＤＣにある。加盟国は１８４か国、いわゆる商業銀行でも中央銀行でもない。ピラミッドの頂点にあるのが世界銀行なのだ。

日本は１９９０年７月に、世界銀行からの借金を全額返済した

日本は１９５２年、世界銀行に加盟した。１９５１年まではＧＨＱに占領されていたので、加盟できなかった。だが、１９５１年にサンフランシスコ講和条約を締結して独立したので、１９５２年に加盟した。では、それまでの間はどこからお金が入ってきたか。マッカーサー率いるＧＨＱから入ってきたのである。米国が世界銀行から借りて、日本に渡したり、食糧を供給したりしていたのだ。要するに米国経由で復興資金を借りていたのである。

日本の借り入れは１９５３年から始まり、合計８億６０００万ドルを借り入れ、その資金は東海道新幹線などのインフラの整備に充てられた。やがて、１９６７年には経済成長

によって投資適格国から卒業し、日本は１９７１年には５大出資国の１つとなって、１９９０年７月には世界銀行からの借金を全額返済した。

借金を返した後は、逆に世界銀行にお金を出す側になった。戦後復興を終えて、国として財政が健全化し、先進国の仲間入りをした。借金を返し終わったのは、１９９０年で、つい最近のことである。いわゆる「空白の20年」はこれが関係している。

第２次世界大戦後の先進国復興が完了して、復興資金需要がなくなるのに伴い、世界銀行は開発資金援助に特化した。これがＧ７、Ｇ８のことである。連合国も戦争によって建物が壊れたりしてダメージを受けていたため、それらの復興が終わって世界銀行は、発展途上国にお金を出す役割に特化するようになった。これがＯＤＡ（政府開発援助）の円借款である。つまり円借款は、世界銀行と連動しているのだ。

しかし、公的部門の縮小によって失業が増大し、教育や医療などの質的低下によって社会不安が増大するなどといった悪影響も大きい。

世界銀行グループを形成する機関は、国際機関は５つある。それらを総称して世界銀行グループと呼んでいる。それらは、以下の通りである。

国際復興開発銀行（International Bank for Reconstruction and Development、IBRD）

国際開発協会（International Development Association、IDA）＝貧しい国に開発資

金を供給する。第二世界銀行とも呼ばれる。

国際金融公社（International Finance Corporation、IFC）

多国間投資保証機関（Multilateral Investment Guarantee Agency、MIGA）

国際投資紛争解決センター（International Center for Settlement of Investment Disputes、ICSID）

各国は出資比率に基づき、保有する世界銀行株1株につき1票の投票権を持っている。世界銀行総務会はIMFとともに年に一度総会を行い、各種決定を行う。総会は3回のうち2回はIMFおよび世界銀行の所在地であるワシントンDCで行われ、3年に1度はそれ以外の加盟国で行われるのが慣例となっている、2011年6月6日に日本開催が決定され、2012年10月9日から14日には東京で総会が行われた。

このときに300人の個人委員会の決定事項を記載した資料が配られ、世界中の中央銀行と財務大臣と商業銀行の大きいところに招待状が送られた。だが、中国だけが招待されなかった。これは中国のチャイニーズドラゴン・ファミリーがキング・アンソニー・マーティンを騙《だま》したからである。世界銀行の規定でリースが4％と決まっていて、米国も4％で借りているのに、27兆USドルを1％で借りたのだ。これは明らかな違法行為で罰しなければいけないと国連で決議されている。

世界銀行の開発資金のほとんどは、世界銀行債を発行し金融市場で売ってすべて調達していた

世界銀行には各国が出資金を払い込んでいる。だが、実際、世界銀行の開発資金のほとんどは、世界銀行債を発行し金融市場で売ることですべて調達している。

世界銀行債を買ってもらい、ＩＭＦの運用に乗せる。その世界銀行債の中には、バンク・ギャランティと本当のボンドの2種類がある。ゴールドマン・ファミリーズ・グループである３００人の個人委員会からは石油、大豆などの先物市場に情報が入ってくる。そのプログラムをコンピューターに設定して、１日に５００回くらい取引している。もとのパイが大きいので、一月で倍になる。ＩＭＦは金融機関ではあっても、銀行ではない。日本でいう信託銀行にあたる。世界銀行のお金を運用するのがＩＭＦの役目なのである。

ちなみに、有色人種で初めて韓国人が総裁に選ばれたのは、米国に韓国人がものすごくたくさん移住しているからだ。世界銀行の東京事務所は、富国生命ビルの10階にある。そのビルの地下に公証役場があり、国際的な文書や契約は、ここの公証役場でしかノータリー、つまり認証してくれない。

なお、銀行の中の銀行である日本銀行は商業銀行ではないので、営利目的の利益を出してはいけない。日本銀行は日本銀行法（１９９７年６月18日法律第89号）に基づく財務省所管の認可法人であり、日本の中央銀行である。日本銀行券でのローマ字表記はNIPPON GINKO。資本金は1億円。総資産１１２兆円、貸出金残高23兆円、預金残高11兆円。これは普通の銀行と変わらない。

日本が円借款していないのは北朝鮮だけである。ベトナムは共産主義だったが円借款している。中国、韓国にもしている。イランは、パーレビ国王のときはしていたが、ホメイニ革命でイスラム原理主義になってからは、断っている。

サイナーとは、口座管理人、資金の管理人のことである

いわゆるサイナーとは、口座管理人のことで、いわば資金の管理人のような立場である。吉備太秦は、フラグシップで承認する立場であり、単なるサイナーではない。しかし、１人ですべてを見ることはできないので、口座管理人が何人かいる。ＩＭＦの運用に関わるお金の取引と、日本が管理権、運用権、使用権を持っている、35％日銀にシェアされるお金は、フラグシップである吉備太秦の承認がなければ動かせない。日本政府にも日銀総裁に

も動かす権限はないのだ。

世界銀行の別段預金は、表面上には載らない。３００人の個人委員会が管理して、運用して、貯めているのでどんどん増えていっている。管理権、運用権、使用権は、基本的にホストカントリーの日本にある。厳密には35％が日本のもので、それをどこの国に分配（シェア）するのかを決めるのだ。

世界銀行は、正式な機能を持っている機関である。巨額資金の運用や分配は、正式な機能である。それを渡すには商業銀行を通さなければいけない。

発展途上国に資金を出すことは、Ｇ20やＧ８で決められている。世界銀行の口座から中央銀行の口座に入って商業銀行を通じて、先進国の企業に発注して道路をつくることなどを決めている。これとは別に、３００人の個人委員会のトップがフラグシップである。日本には代理が何人かいる。彼らは代理代行、資金者代行、口座管理人といろいろな呼ばれ方をされている。９・11以前は、バチカンに集まって会議をしていたが、１９９５年にマイクロソフト社のビル・ゲイツがウインドウズ95を発売したときから始まったＩＴ革命が進んで、すべての契約が電子認証方式に変わって、それまでのフラグシップでは契約ができなくなった。吉備太秦はフラグシップである。フラグシップは、取引における契約書の合法性をチェックし、契約書に記された配分通り配分する。そしてゴールデン・ファミリーズ・グループが世界銀行に寄付している「巨額資金」が、ようやく大義名分を得て、世界各国に分配されることになったのだ。

大義名分は、地球温暖化対策を話し合う国連気候変動首脳会合（気候変動サミット、俳優のディカプリオを気候サミット大使として起用）によって与えられた。巨額資金は、世界銀行から各国に分配（シェア）される。具体的には、**「世界銀行→開発銀行→各国中央銀行→商業銀行」**というルートで流れていく。

世界は日本人の覚醒を待ち望んでいる。世界に冠たる精神世界と技術を有する日本人は、天皇皇后両陛下が日頃、仰っておられるように、相手の立場になって物事を考え、奪い合うのではなく、分かち合う和の文化を持って、いまこそ世界に貢献すべき時を迎えた。

世界支配層は、ＩＭＦによる巨額資金運用益を「ゴールド・ボンド」と名づけて分配を進めている

天皇陛下を戴く世界支配層「ゴールドマン・ファミリーズ・グループ、３００人の個人委員会、世界銀行→ＩＭＦ（国際通貨基金）」は、巨額資金運用益を「ゴールド・ボンド」と名づけて、分配（シェア）を進めている。世界秩序と平和のための「新機軸」を築くの

が目的だ。一番に分配（シェア）を受けるのは、G７である。民主化が遅れているロシアや中国、北朝鮮など除外されている国々は、中国が中心になって設立した「アジアインフラ投資銀行（ＡＩＩＢ）」に加盟して、投資資金を調達するしかない。

今回分配（シェア）される巨額資金運用益の規模は、「４京３０００兆円」と言われており、第１弾（２兆３０００億円）は２０１６年８月４日から９月12日までに、第２弾は10月12日〜11月４日、順次分配された。２０１７年２月からは、世界銀行のアカウントを持っている国々を対象に「大玉」の分配を始めるという。これはG７各国はじめ、その他の国の中央銀行に振り込まれる。

世界銀行を中心に巨額資金が分配される「仕組み」については、『ゴールドマン・ファミリーズ・グループが認める唯一の承認者《フラグシップ》　吉備太秦《きびのうずまさ》が語る「世界を動かす本当の金融のしくみ」』（板垣英憲著、ヒカルランド、２０１５年２月28日刊）に詳しく述べているので、参照されたい。

「ゴールド・ボンド」は、**「１９５４年３月相互安全保障法［ＭＳＡ］制定を受けて、米国と日本との間で締結した相互防衛援助協定［ＭＳＡ協定］に基づき、運用された資金」「日清戦争（１８９４年７月25日〜１８９５年11月30日・日露戦争１９０４年２月８日〜１９０５年９月５日）の際、日本政府が発行した国債」「中曽根康弘首相が発行した債券」**

の3つのそれぞれの運用益の一部を1本にまとめたものであるという。

「ゴールド・ボンド」による巨額資金の分配（シェア）にあたっては、天皇陛下が最終サイナーとしてサインされ、最終承認者であるフラグシップが実行の旗を掲げて、「IMF→日本銀行→日本のメガバンク→各国の中央銀行」のルートで分配（シェア）される。

しかし、今回、「世界銀行→IMF→日本銀行」まで送られてきていた巨額資金を「日本のメガバンク→各国の中央銀行」に分配（シェア）する段階で、かなりの時間を要した。それは、「日本のメガバンク」の実務担当者が、あまりにも巨額の資金に驚愕して、実行できなかったからである。また、安倍晋三首相や麻生太郎副総理兼財務相が、横槍を入れて妨害したり、政府として手続きをしようとしたりしたためと言われている。

しかし、「世界銀行→IMF」が扱う資金には、政府機関が関与してはならない決まりになっている。たとえ、国家最高責任者である首相、あるいは財政担当トップの財務相といえども、タッチできない。これに手を出せば、立派に犯罪となり、国際刑事裁判所に提訴されて、有罪判決が下れば、厳罰に処せられる。

世界支配層は、いくつもの妨害を受けて、その都度、これらを排除し、最終的には、「日本のメガバンク→各国の中央銀行」ルートを回避して、「日本銀行→株式会社国際協力銀行（JBIC、東京都千代田区大手町1－4－1）→フィリピン中央銀行→各国の中央銀行」のルートで分配（シェア）を行ったという。

第2章

世界支配層が「小沢一郎政権」樹立を切望する

〔吉備太秦のメッセージ②〕

農業、林業、漁業を第一産業と呼ぶが、産業ができてから組織的な労働が必要になり、それによって貧富の差ができ、いわゆる所得の格差ができた。組織を統括する意味での、行政の長である権力者が生まれ、それによって国家という概念が生まれ、以来人類の歴史上、地球上で戦争がなかったときは一秒もない。戦争とお金は非常に因果関係が深い。貧富の差は民衆の暴動を誘発し、また経済的な負の遺産ができたときには、帳消しにするために戦争を起こしてリセットしてしまおうとする。産業革命以降に起きた、第１次世界大戦にしてもそうであり、第２次大戦にしてもそうである。

したがって、第３次世界大戦を防ぐためには、これまでのような国家が抱える経済的な負の遺産を戦争によって帳消しにするのではなく、世界銀行、ＩＭＦの運用資金を公平に分配することで負の遺産を解消すれば、第３次世界大戦を未然に防ぐことができる。なおかつ、その資金を利用して、学校をつくったり道路をつくったり、産業振興のための整備をしたりといったインフラ整備をして、全人類ひとりひとりが自分の力でお金を稼ぎ自立して生きていける社会を実現していけば、理論的に戦争は起きない。ゴールドマン・ファミリーズ・グループは、そうした理論に基づいて永遠に戦争のない世界、本当に自由で平等な世界を実現するために、新しい基軸を決めて、1947年のMSAの規定に修正を加えて、新しい基軸を世界に徹底するための活動を2009年から現在に至るまで継続し続けている。

そして、ようやくシェアが始まり、貧困のない自由で平等で戦争のない社会が実現できる目処が立ってきた。

八百万の神様の精神性を持つ、すなわち多様性を尊重し認める、仏教と神道を融合して神仏習合という概念を実現し、3000年にわたり続く世界で最も古くて尊厳の高い皇室を持つ日本という国が、いままさに世界のリーダーになろうとしている。そのためには、日本の政治の構造を根本的に変えていかなければならないし、それに足るリーダーが必要である。

それは誰なのか。大多数の国民は、小沢一郎という政治家に対してあまりいい印象を持っていないかもしれない。しかし、政策面からいえば、小沢一郎の政策はゴールドマン・ファミリーズ・グループの目指す方向と合致している。経済政策においては、旧社会保険庁である現在の日本年金機構と国税庁を一体化して歳入庁とし、国の歳入を強化するとともに、一般会計と補正予算と特別会計を一本化し、現在日本国が抱えている赤字国債を2020年までに償還してすべて消す。また地方分権により、農政改革を進め、少子高齢化社会で人口が減っていくなかでも、国家も地方も財政が健全化する仕組みに変えていく。そして、世界のお手本となる国家体制をつくりあげる。さらに、原子力発電所は必要ないので、廃炉に政策を転換し、稼動させないようにしなければいけない。集団的自衛権についても、慎重に運用しなければならない。現政権の政策では、非常に危ういというのが天皇陛下を中心とする我々ゴールドマン・ファミリーズ・グループの判断である。そのために、小沢一郎政権を樹立するというのが、ゴールドマン・ファミリーズ・グループの悲願である。

もう1つ、国際連合は、旧連合国である五大国（英国、仏国、米国、中国、ロシア）が常任理事会で拒否権を持っており、何も肝心のことは決まらない、何も実行性を持った措置が打てないという状態になっている。これを改革するためには、日本、ドイツ、イタリアを含めた、いわゆる旧枢軸国から、アフリカ、南米等も入れた常任委員会の改革を含めた国連改革が急務になる。

現在、ここにある危機として、一番早急に対応しなければいけないのは、朝鮮半島の問題と、中国との問題である。この問題については、現政権では解決することができないということがゴールドマン・ファミリーズ・グループの判断である。

具体的にいえば、中国の浙江省の銀行を1930年頃に米国に移したときの契約に基づき、現在、米国が中国に対して持っている債務1京2000兆円をオバマは払うと約束しておきながら、払っていない。そのことにより中国と米国は、一触即発の可能性を孕んだ非常に危険な状態にある。こうした大きなお金の問題が生じたときには、戦争によって帳消しにしてしまおうとするのが、人類の歩んできた歴史の慣例である。これは、中国と米国2国間の問題であり、これに世界銀行、IMFの国債運用資金をあてて解決することは、原則的には国際法上できないことである。これについては、日本がリーダーシップをとって、韓国、北朝鮮、中国と話し合いをして、米国とも話し合いをし、平和裏に解決するしか方法はない。その場合は、特別に日本にシェアされる資金を新たな取り決めをして利用し、解決を図るという方法を模索するしかないが、現政権下では、中国、韓国、北朝鮮を含めて話し合いの窓口すらない。したがって、中国、韓国、北朝鮮、米国を含めて話し合いの窓口が持て、人間的信頼関係ができていると考えられる政治家は、小沢一郎をおいてほかにはいない。これが現実である。それができない限り、前政権が結んだ集団的自衛権の緊急事態条項により、米中戦争に間違いなく巻き込まれてしまう。

小沢一郎代表は、田中角栄元首相を超え、「新世界」を切り拓く天命を授けられた

天孫人種6000年の歴史の下、万世一系の天皇制を誇る日本はいま、世界新秩序体制に基づき、「新世界」を切り拓き、「少なくとも400年戦争のない世界」から、さらに恒久平和を実現するホストカントリー（受け入れ国）としての重責を天から与えられている。第2次世界大戦後、「世界の警察官」を任じてきた米国の役割は終わった。そしてこの重責を果たすべく、天命を授けられている国際政治家こそ、小沢一郎自由党代表である。天命を授けられているが故に、小沢一郎代表は、政治の父であり、師と仰ぐ田中角栄元首相を超えた政治家と断じてよい。田中角栄元首相は、「日本列島改造論」と「日中国交正常化」で勇名を馳せたが、「国際政治家」の域には達していなかった。

天命とは、天から与えられた命令をいう。命令とは、使命であり、一生をかけてやり遂げなければならない。古代中国・殷から周（紀元前1046年頃－紀元前256年）への王朝交代とその正統性の根拠とされ、政治的な側面が強調されて確立した「天命思想」。天帝に認知された長男を「元子《げんし》」という。天帝は、周王を自分の元子（＝長男）として認知し、その周王に天命を降ろしてこの地上世界の統治を委ねたという。秦の始皇帝は、自

ら建てた王朝の正統性を天体（宇宙）の運行に着目し、「北極星」に求めた。秦始皇帝陵の謎が、このことを物語っている。秦始皇帝は、約２２００年前に中国を最初に統一した始皇帝であった。その始皇帝が眠る陵墓の地下宮殿には、宇宙が描かれ、水銀を流して地上の黄河や長江、そして海が再現されていると伝えられている。

司馬遷の『史記・始皇帝本紀』によれば、秦の始皇帝が、咸陽宮、阿房《あぼう》宮などの宮殿群や河川を、北極星などの星座や銀河に見立てて配置したと記してある。始皇帝は紀元前２２１年に天下を統一すると、翌年に長信宮を渭水《いすい》の南に建てることにした。完成すると長信宮を極廟《きょくびょう》と改名した。そして、天極（北極星）に象《かたど》り、極廟から驪山《りざん》まで道路をつくった。また道の両側に塀がある皇帝専用の甬道《ようどう》を咸陽からつなげた。

小沢一郎代表は、明治維新（１８６８年）の元勲、薩摩の西郷隆盛を尊敬する。徳川幕府２６５年の鎖国を開き、門戸を世界に開いてから１４８年。この間、日本は１９４５年8月15日、大東亜戦争（日中戦争、太平洋戦争などの複合的戦争）に敗れた。明治維新から77年を経ていた。

国際連合（１９４５年6月26日、国際連合憲章署名、同年10月24日から活動開始、本部・米国ニューヨーク市マンハッタン島、現在、世界１９３か国加盟）は、設立から71年を経て、いまなお不完全である。米英仏中ロ５か国が、安全保障理事会で「拒否権」を握っているためである。5大国の「覇権主義」と利害得失が桎梏《しっこく》となり、国連を弱体化させている。

このため、第2次世界大戦が終結した1945年8月15日から71年を経てもなお、世界各地で戦乱は後を絶たず、地球はいま、核戦争、環境破壊などの元凶による「滅亡」が、危惧されている。それ故にこそ、「第3次世界大戦」を未然に防ぎ、世界に恒久平和を実現する喫緊の必要性に迫られている。

なぜなら、「第3次世界大戦」は、単なる予言ではなく、人間によって計画されている具体的な企てであるからである。

米国南北戦争時の南部連合（南軍）のアルバート・パイク将軍（1809年12月29日〜1891年4月2日、弁護士、秘密結社フリーメイソンに所属、1857年に最高幹部＝最高位33階級にまで登り詰め、「黒い教皇」と呼ばれ、「KKK」の創始者）が1871年8月15日付で、イタリアのフリーメイソンのジュゼッペ・マッツィーニ（イタリア建国の父）に長い書簡を送った。内容は、以下のような単なる予言ではなく、「未来計画」であった。

「世界を統一するために今後3回の世界大戦が必要である」

「1回目はロシアを倒すために、2回目はドイツを倒すために。3回目はシオニストとイスラム教徒がお互いに滅し合い、いずれ世界の国々もこの戦争に巻き込まれ、それが最終戦争に結びつくだろう」

具体的には、以下の通りである。

「第1次世界大戦は、ツァーリズムのロシアを破壊し、広大な地をイルミナティのエージェントの直接の管理下に置くために仕組まれることになる。そして、ロシアはイルミナティの目的を世界に促進させるための〝お化け役〟として利用されるだろう」

「第2次世界大戦は、ドイツの国家主義者＝ナチス、政治的シオニスト＝ユダヤ人（パレスチナ地方にユダヤ人国家を建設しようとする人々）の間の圧倒的な意見の相違の操作の上に実現されることになる。その結果、ロシアの影響領域の拡張と、パレスチナに『イスラエル国家』の建設がなされるべきである」

「第3次世界大戦は、シオニストとアラブ人とのあいだに、イルミナティ・エージェントが引き起こす、意見の相違によって起こるべきである。世界的な紛争の拡大が計画されている」

「キリストの教会と無神論の破壊の後、ルシファーの宇宙的顕示により、真の光が迎えられる」

アルバート・パイク将軍の「計画書」（未来予測）は、コーランに基づいていた。書簡には、最終戦争となる第3次世界大戦が、いつ、どのような国の間で、いかに、戦うことになるかについての予測（未来計画）が書かれていて、イスラム教の世界と西欧を混乱（転覆）させることが読み取れる。そうすることで世界政府を確立する計画を明かしていたのだ。

一方、「聖母マリア」が1917年5月13日、ポルトガルの田舎町ファティマに住む3人の子供たちの前に現れ、そのうちの1人「ルチア・ドス・サントス」という娘にメッセージを託した。いわゆる「ファティマの予言」である。第1の予言は「第1次世界大戦の終結」を、第2の予言は「第2次世界大戦の勃発」を予言していた。

「ファティマの第3の予言」は、「悪魔が支配して、この世を滅ぼそうとしており、地球が滅亡する危機を迎えるけれども、東洋の島国から救世主が現れて世界を救い、本当の神の国をつくる」と予言していた。

ユダヤの長老も「死海文書、黙示録に、21世紀に地球が滅びようとするときに、極東の島国から救世主が現れて世界を救うと書いてある」と語っているという。

そしてこの「東洋の島国から現れて世界を救う救世主」こそ、小沢一郎代表である。本当の神の国をつくる予言を実現する重責を「天命」として担っているのである。

なぜかと言うと、それは、「世界恒久平和」を規定している日本国憲法についての小沢一郎代表の捉え方にある。日本国憲法は、人類がつくりあげ最も進歩した最高の「不磨の大典」であり、文字通り「至宝」であると言ってよい。小沢一郎代表は、あくまでも、「第9条」の「第1項」「第2項」を厳守し、「恒久平和主義」「国権の発動たる侵略戦争の放棄」「国連中心主義」を貫こうとしている。小沢一郎代表は、「日本国憲法改正試案」に以下のようにまとめている。

［自衛権］
一　日本国民は、正義と秩序を基調とする国際平和を誠実に希求し、国権の発動たる戦争と、武力による威嚇又は武力の行使は、国際紛争を解決する手段としては、永久にこれを放棄する。
二　前項の目的を達するため、陸海空軍その他の戦力は、これを保持しない。国の交戦権は、これを認めない。
三　前二項の規定は、第三国の武力攻撃に対する日本国の自衛権の行使とそのための戦力の保持を妨げるものではない。
［国際平和］
日本国民は、平和に対する脅威、破壊及び侵略行為から、国際の平和と安全の維持、回

復のため国際社会の平和活動に率先して参加し、兵力の提供をふくむあらゆる手段を通じ、世界平和のため積極的に貢献しなければならない。

さらに、小沢一郎代表は、民族の生存を守る「自衛の措置」と「国際の平和と安全の維持、回復のための手段」を加えている。「国際平和」規定には、国連をグレード・アップした「地球連邦政府樹立・地球防衛軍創設」の思想と施策が含まれている。

第9条（平和主義）
日本国民は、正義と秩序を基調とする国際平和を誠実に希求し、国権の発動としての戦争を放棄し、武力による威嚇及び武力の行使は、国際紛争を解決する手段としては用いない。
2　前項の規定は、自衛権の発動を妨げるものではない。
第9条の2（国防軍）
我が国の平和と独立並びに国及び国民の安全を確保するため、内閣総理大臣を最高指揮官とする国防軍を保持する。
2　国防軍は、前項の規定による任務を遂行する際は、法律の定めるところにより、国会の承認その他の統制に服する。

3　国防軍は、第一項に規定する任務を遂行するための活動のほか、法律の定めるところにより、国際社会の平和と安全を確保するために国際的に協調して行われる活動及び公の秩序を維持し、又は国民の生命若しくは自由を守るための活動を行うことができる。

4　前二項に定めるもののほか、国防軍の組織、統制及び機密の保持に関する事項は、法律で定める。

5　国防軍に属する軍人その他の公務員がその職務の実施に伴う罪又は国防軍の機密に関する罪を犯した場合の裁判を行うため、法律の定めるところにより、国防軍に審判所を置く。この場合においては、被告人が裁判所へ上訴する権利は、保障されなければならない。

小沢一郎代表は、紛れもなく「東洋の島国から現れて世界を救う救世主」である。日本国憲法を恣意的に改正して、時代を戦前に巻き戻そうとする「時代錯誤」の勢力とは、まったく違う。ダーウィンの進化論を持ち出すまでもなく、人類は、進化しなくてはならないのである。

キッシンジャー博士は、習近平・李克強、プーチンと関係改善できる新政権樹立を日本に強く求めている

米国のキッシンジャー博士が、「世界恐慌・第3次世界大戦＝核戦争」による地球滅亡を危惧して、地球平和のため「新機軸」を築こうと懸命に活動している。ロシアのプーチン大統領とはモスクワで緊急会見（2016年2月3日）し、基本方針を合意している。日本については、「G7伊勢志摩サミット」（2016年5月26日、27日）を控えて、憲法解釈変更・安全保障法制関連法制定（2015年9月19日）を行い、さらに日本国憲法第9条改正（国防軍創設）に本気で乗り出すなど、米国が望まない右寄り路線をひた走る安倍晋三首相に早期退陣を要求している。キッシンジャー博士は、日本政府を裏で操ってきた「ジャパン・ハンドラーズ」（日本操縦者）であるリチャード・アーミテージ元国務副長官（ブッシュ政権第1期）、戦略国際問題研究所（CSIS）のマイケル・グリーン副所長、ハーバード大学のジョセフ・ナイ教授らを2016年11月11日、「日米関係」から排除（お払い箱）するとともに、米CIAの活動拠点になってきた自民党派閥「清和会」（会長・細田博之元官房長官）の解体を迫っている。また、中国の習近平国家主席・李克

強首相、ロシアのプーチン大統領との関係改善を図れる新政権の樹立も強く求めているという。キッシンジャー博士は、世界と日本をどう導こうとしているのか？

安倍晋三首相は、「G7伊勢志摩サミット」議長国の議長として、「世界恐慌・第3次世界大戦＝核戦争」を回避させなくてはならない立場にあるにもかかわらず、その使命と役目を自覚していなかった。しかも安倍晋三首相は、安全保障法制関連法制定により、「仮想敵国第1位＝中国、第2位＝北朝鮮」を鮮明にして、東アジアの緊張を高めている。

米国は、沖縄駐留米軍の「グアム」への移動を進めており、米軍普天間飛行場の辺野古への移設がすでに不要になっているのに、安倍晋三首相は、辺野古への移設を強行、沖縄県との間で、訴訟合戦を展開した。その底意には、「国防軍創設」を睨《にら》んで、日本海軍用の「潜水艦基地」を建設しようとしていることが読み取れる。

自民党派閥「清和会」所属の安倍晋三首相は、「ジャパン・ハンドラーズ」を強い後ろ盾にして、第2次安倍晋三政権を復活した。「ジャパン・ハンドラーズ」は、「日米の闇の利権」に食い込み、一種の「マフィア」として君臨して私服を肥やし、日米外交関係を歪めてきた。これらが、世界支配層（天皇陛下を頂点とする300人の個人委員会＝ゴールドマン・ファミリーズ・グループ、フリーメーソン・イルミナティ）の意向を受けて、世界の問題につながる「新機軸」を築こうとしているキッシンジャー博士の逆鱗に触れたのである。

キッシンジャー博士は、米国ワシントンDCのジョージタウン大学内にある超党派シンクタンク「戦略国際問題研究所（CSIS）」の顧問に就任している。「ジャパン・ハンドラーズ」であるリチャード・アーミテージ元国務副長官、戦略国際問題研究所（CSIS）のマイケル・グリーン副所長、ハーバード大学のジョセフ・ナイ教授らが、米国最大財閥のデイビッド・ロックフェラーに使われて、「対日工作」を行ってきたことは、先刻承知していた。

しかし、デイビッド・ロックフェラーが2015年8月6日、他界したことから、「ジャパン・ハンドラーズ」は、急速に力を失い、安倍晋三政権への依存度を強めていた。この結果、安倍晋三首相が、「右寄り路線」をますます強めていくのを許してしまったのだ。

そんななか、米ボストン大学のトーマス・バーガー教授が2015年10月3日、CSISから「安倍の危険なナショナリズム」という文書を発表した。この中で同氏は「バランスの破壊者、安倍首相」と安倍晋三政権の姿勢を強い言葉で批判した。これはおそらく、キッシンジャー博士の目にも触れたはずである。

キッシンジャー博士は、カトリック教会の聖職者にしてフランス王国の政治家（ルイ13世の宰相）であったリシュリューの「国家理性」の概念を基礎とする「バランス・オブ・

パワー」(勢力均衡)概念に立脚して、国際外交・軍事関係を説いている。

「バランスの破壊者、安倍首相」と気づいたキッシンジャー博士が、中国の王毅外相を招いて講演させた

キッシンジャー博士は、安倍晋三首相が、祖父・岸信介元首相の遺志を受け継いで、「安全保障法制整備関連法制定」(2015年9月19日)を成し遂げた後、「日本国憲法第9条改正」(国防軍創設=大日本帝国陸海軍再建)による戦前回帰、極東軍事裁判史観の修正などを行おうとしていることから、米ボストン大学のトーマス・バーガー教授に「バランスの破壊者、安倍首相」と糾弾されたのを深刻に受け止めている。このことは、公益財団法人笹川平和財団(羽生次郎会長)の「日米安全保障研究会」が2016年2月29日、「最終報告書」を記者発表する段になって、顕著に表れた。なんと、「日米安全保障研究会」の主要メンバーであるリチャード・アーミテージ元国務副長官、マイケル・グリーンCSIS上級副所長(アジア)兼ジャパン・チェア、ハーバード大学のジョセフ・ナイ教授、プリンストン大学のアーロン・フリードバーグ教授、岡本アソシェイツの岡本行夫代表(元外務官僚)、一般財団法人平和・安全保障研究所の西原正理事長が、「都合により」

という理由で姿を見せず、欠席したのである。そしてその直前には、キッシンジャー博士が、中国の王毅外相を招いて講演をさせていた。一体、CSIS内部で何が起こっているのか？

はっきり言えば、「ジャパン・ハンドラーズ」とその協力者が、「お払い箱」になったということである。「ジャパン・ハンドラーズ」は、米国の中で数少ない「知日家」であることを武器に、日米外交に食い込み、壟断《ろうだん》して、私利私欲を貪ってきた。これに日本側も協力してきた。安倍晋三首相の祖父・岸信介元外相は、米CIAから資金を得て、極めて保守的な外交を展開。蔣介石《しょうかいせき》総統の台湾を支持し、反共主義の立場から中国共産党北京政府を敵視してきた。岸信介元外相から派閥を買った福田赳夫元首相は、派閥「清和会」を設立、いまは細田博之会長（元官房長官）が引き継ぎ、安倍晋三首相もメンバーの1人である。「反北京政府」意識は根強い。

こうした日中関係を心配し、憂慮しているのが、米中国交正常化の道筋をつけたキッシンジャー博士であった。しかし、残念ながら、キッシンジャー博士は、核燃料となるウランを独自輸入して核開発を進めようとした田中角栄元首相をロッキード事件で陥れて、徹底的に叩き潰し、田中角栄元首相を「政治の父」と慕ってきた小沢一郎代表にもホコ先を向けて、疑獄事件を仕立てて潰そうとしてきた。その挙句の果てに、安倍晋三首相が、中国の習近平国家主席や李克強首相から毛嫌いされて、日中外交を行き詰まらせることになった。これが、日米外交にも悪影響を及ぼしている。実際、野田佳彦元首相時代、リチャード・アーミテージ元国務副長官、マイケル・グリーンCSIS副所長が、中国に上陸して、当時の胡錦濤国家主席や温家宝首相に会おうとして失敗している。このため、キッシンジャー博士もやっと気づいてきた。そうしてついに「ジャパン・ハンドラーズ」を「お払い箱」にして、清和会を解体すると決心したのだ。

笹川平和財団は2016年1月27日に「日米安全保障研究会」最終報告のための記者会見を行うと準備していた。ところが、1月22日急遽中止を決定して、各方面に連絡した。理由は、米国内の気象事情ということであった。しかし、2月19日になって「2月19日に最終報告の記者会見」を行うと連絡した。

この間、CSIS顧問のキッシンジャー博士は2月3日、モスクワで、プーチン大統領と会談し、「世界恐慌・第3次世界大戦=核戦争」による地球滅亡を危惧して、地球平和のため「世界の新機軸を築く」計画を提案し、これを了承、合意されている。

さらに、王毅外相はケリー国務長官の招待を受けて、2月23日~25日の日程で訪米、国連による北朝鮮に対する制裁強化で合意した。その最終日の25日、王毅外相は、CSIS本部（ワシントンDCにあるジョージタウン大学校内）に招かれて、「講演」したのである。このとき、ジョン・ハムレ所長兼CEOが、自ら王毅外相を紹介して、歓迎の挨拶をしている。これは、キッシンジャー博士が、本気になって中国上層部との人脈づくりに乗り出したということを物語っている。

キッシンジャー博士は、習近平国家主席や李克強首相が極めて親しくしている小沢一郎代表を米国に招待して、親交を深めようとしているという。

笹川平和財団の記者会見における質疑の最後の質問者（朝日新聞記者）に応えて、ジョン・ハムレ所長兼CEOは、マイクを取って、こう発言した。

質問（朝日新聞記者）　ジョン・ハムレさんもしくは加藤（良三）さんにお伺いしたいのですが、今日は中国について言及がありましたね。少なくとも2030年までは中国の軍事力が日米の軍事力を上回ることはないということでしたが、2030年以降、日米の軍事力を中国が上回る可能性というのは……、例えば2040年、2050年というのはどのように考えていらっしゃるのでしょうか？

ジョン・ハムレ所長

ジョン・ハムレ所長兼CEO　委員の中に、ナイ教授が入っています。ナイ先生は「ハードパワー、ソフトパワー」の本で有名な先生です。日本は驚くべきソフトパワー能力を持った国家なのです。日本は世界中から尊敬されている「ソフトパワー国家」なのです。米国にも同じくソフトパワーはありますが、少し穢《けが》してしまったようです。イラク、アフガニスタンでのわれわれの振る舞いで穢れたかもしれませんが、回復しつつあります。これは単にハード、軍事力の話ではないのです。インスピレーションを起こす力なのです。日米両国が力を合わせれば、どれだけのソフトパワーが生まれるか。これが優勢となるのです。単にどれだけフリゲート艦隊があるかではないのです。われわれが生むことができるアイディアがポイントなのです。全世界は日米のアイディアが欲しいのです。彼らの国家のためにもなるから欲しいのです。メカニックな見方をしないでください。艦艇とか飛行機の数とか、そのような問題ではないのです、われわれ日米が世界に提供できるクオリティがポイントなのです。それは成功すると、わたしは確信しています。

ジョセフ・ナイ教授

ジョセフ・ナイ教授は1970年代、ロバート・コヘインとともに、国際関係論における相互依存論を提唱していた。1980年代になると、米国覇権衰退論に対し、軍事力や埋蔵資源などのハードパワーではなく政治力、文化的影響力などのソフトパワーという概念を用いて議論を行い、「文明の衝突」論のサミュエル・P・ハンティントンや『大国の興亡』のポール・ケネディに対して批判的立場をとった。ジョセフ・ナイは、このソフトパワー論により、米国政治学界の第一人者となる。

東アジアでいう「ソフトパワー」とは、実に「小沢一郎代表」のことである。CSISは、いまや安倍晋三首相を完全に信用していないのだ。

安倍晋三首相が、「極端に右翼化」、中国を「仮想敵国第1位」として敵視、日中首脳外交は事実上、途絶状態

中国の国会「全国人民代表大会」（全人代）は2016年3月5日、北京市で始まり、李克強首相が冒頭、政府活動報告し、この中で中期経済目標「第13次5か年計画案」（GDPは今後5年、平均6・5％以上の成長を目指すなど）を説明した。中国はバブル経済

崩壊、国営企業約100社のゾンビ化、貧富の格差拡大など深刻な問題を抱えるなか、共産主義体制下で資本主義化という喫緊の課題「構造改革」を迫られて難渋している。これに対して習近平国家主席、李克強首相は、近隣の資本主義大国・日本の協力を最も得たいのに、安倍晋三首相が、中国を仮想敵国第1位とする「安全保障法整備関連法」を制定、防衛力を増強するなど中国を敵視、米国超党派シンクタンクCSISのレポートが指摘しているように「バランスを破壊」していることから、日中首脳外交が事実上、途絶し続けている。このままにしておくと、日本経済も打撃を受ける危険がある。日中関係の改善が急がれるが、一体、この難局を打開するには、どうすればよいのか？

答えは、はっきりしている。安倍晋三首相が即刻退陣して、習近平国家主席、李克強首相と親密な関係を築いている小沢一郎代表を自民党に復党させて、「総理大臣」に就任してもらうことである。習近平国家主席、李克強首相は、「安倍晋三首相が総理大臣であり、自民党にいる限り、日中関係を改善させない」と断言している。中国の国家主席、首相の任期は5年、2期10年在任できるので、1期目2013年3月14日〜2018年3月13日、2期目2018年3月14日〜2023年3月13日まで在任することになる。

安倍晋三首相は、連続で2期6年までとなっている自民党総裁の任期を「3期9年」まで延長した。こうなると、あと「4年間」は、日中首脳外交が途絶したままになってしまう。果たしてこんなことが許されてよいのであろうか。否、安倍晋三首相1人の私的欲望のために、許されていいわけがない。

王毅外相が小沢一郎代表宛ての親書を駐日大使館経由で送った

「反中国」の安倍晋三首相が、習近平国家主席、李克強首相ら最高指導部「チャイナ・セブン」に嫌われて、日中関係が最悪の状況下、小沢一郎代表が日中外交の主導権を握り始めている。王毅外相が2016年3月8日、全人代（中国の国会）開催中、記者会見した後、小沢一郎代表宛ての親書を駐日大使館（程永華大使）経由で送ったというのだ。具体的内容は、明らかにされていないが、中国側は、日中国交正常化した田中角栄元首相を「政治の師」と仰ぐ小沢一郎代表を通して、日中外交を好転させなければ、大変なことになると憂慮しているものと見られる。これは、最高指導部「チャイナ・セブン」内部に精通した専門家の情報である。外交権は、内閣の専権事項とされているのに、日中首脳会談が途絶、G7伊勢志摩サミット（2016年5月26日、27日）を目前にして、安倍晋三首相の「鼎《かなえ》の軽重」が問われていた。

安倍晋三首相は、保守主義に立脚する「日本会議」（田久保忠衛会長、椛島《かばしま》有三事務総長）＝「日本を守る会」と「日本を守る国民会議」とが統合して組織した「美しい日本の再建と誇りある国づくりのために、政策提言と国民運動を行っている民間団体」（神社本庁、解脱会、国柱会、霊友会、崇教真光、モラロジー研究所、倫理研究所、キリストの幕屋、仏所護念会、念法真教、新生佛教教団、オイスカ・インターナショナル、三五教など、宗教団体や宗教系財団法人など多数参加）を支持母体にして政権基盤を築いているので、「反中国」である。このため、毛ほどでも「親中姿勢」を示すと、たちまち反発を喰らって、政権維持が難しくなる。これが「安倍晋三首相の限界」である。

だからこそ、この難局を救えるのは、小沢一郎代表しかいないのだ。

王毅外相が、小沢一郎代表に「親書」を送ることになった経緯を再度整理すると、以下の通りである。

【2015年】

2015年9月19日　安全法制整備関連法制定に、米国のキッシンジャー博士（戦略国際問題研究所＝CSIS顧問）が怒る。

9月29日　安倍晋三首相、国連本部でプーチン大統領に駆け寄る。

10月3日　CSISが2015年10月3日付の文書「安倍の危険なナショナリズム」（ボ

ストン大学国際関係学部のトーマス・バーガー准教授＝東大・佐藤誠三郎教授の下で学ぶ）を発表、「バランスの破壊者、安倍晋三首相」と批判。
11月24日　日本経済新聞社主催シンポジウム　高村正彦副総裁基調講演、マイケル・グリーンCSIS所長が「安倍晋三政権は、バランスを欠いている」と発言。
【2016年】
2016年1月12日　高村正彦副総裁、ロシアを訪問。安倍晋三首相は、プーチン大統領側近のナルイシキン下院議長と面識がある自民党の高村正彦副総裁（元外相）に「プーチン大統領の訪日」を促す親書を託していた。しかしラブロフ外相から「どのツラ下げてきたのか」と恫喝される。
1月22日「日米安全保障研究会」（笹川平和財団）最終報告記者会見中止（1月17日　中止連絡）。
2月3日　キッシンジャー博士（CSIS顧問）、モスクワでプーチン大統領と会談。「世界恐慌・第3次世界大戦＝核戦争」による地球滅亡を危惧して地球平和のため「世界の新機軸を築く」計画を提案し、これを了承、合意されている。
2月9日　安倍晋三首相―オバマ大統領「電話会談」、ウクライナ紛争の停戦を定めた「ミンスク合意」に言及し、「ロシアを追い込んで履行させる必要がある」と主張、首相にロシア訪問の延期を求める。首相は「日本にとってはロシアとの平和条約も大事だ。ロシアと対話を続けていくべきだ」と拒否。
2月12日　ローマ法王フランシスコとロシア正教会の最高位キリル総主教が、キューバの首都ハバナの国際空港で会談。
2月13日　鈴木宗男テレビ東京出演。「昨年12月28日、安倍晋三首相から首相官邸に呼ばれて、ロシア問題の解決について協力を求められた」と明かす。
2月19日　笹川平和財団「日米安全保障研究会」最終報告記者会見の連絡。
2月22日　CSIS、商業衛星写真をもとに、中国が南シナ海の南沙（スプラトリー）諸島にレーダー施設を建設しているとの分析結果を公表。
2月23日～25日　王毅外相はケリー国務長官の招待を受けて、訪米、国連による北朝鮮に対する制裁強化で合意した。その最終日の25日、王毅外相は、CSIS本部に招かれて、「講演」している。このとき、ジョン・ハムレ所長兼CEOが、自ら王毅外相を紹介して、歓迎の挨拶をしている。これは、キッシンジャー博士が、本気になって中国上層部との人脈づくりに乗り出したということを物語っている。
2月29日　笹川平和財団「日米安全保障研究会」最終報告記者会見。
3月6日　日本語ペラペラで知日派の程永華駐日大使が対日批判。

3月8日　親日家である王毅外相が8日、全人代の記者会見で「病気は根元から断たねばならない。日中関係の病根は、日本の指導者の対中認識にある」などと述べ安倍晋三政権への強い不信感を露わにした。これは、米国のキッシンジャー博士と米中で平仄《ひようそく》を合わせている感がある。また、王毅外相は、全人代（中国の国会）開催中、小沢一郎代表宛ての親書を駐日大使館（程永華大使）経由で送る。

3月13日　安倍晋三政権は、木寺昌人駐中国大使が交代し、後任に横井裕《ゆたか》トルコ大使を充てる方向で調整に入り、就任。

王毅外相が小沢一郎代表に宛てた親書の内容については、様々に憶測された。

〈1〉日中外交は、安倍晋三首相では無理なので、「二重外交」という批判を浴びても、小沢一郎代表とじかに行いたい。

〈2〉習近平国家主席と小沢一郎代表との事実上の「日中首脳会談」を実現したいので、是非とも北京市までお出まし願いたい。国賓としてご招待する。

〈3〉習近平国家主席は、G7伊勢志摩サミットに招待されても、訪日しない。その前に、小沢一郎代表と北京市で会談したい。

なお、小沢一郎代表は2015年10月9日から13日までの日程で、「2015日中友好青年会議」（毎年1回開催）に出席するため、中国上海市を訪問する予定だった。ところが、出発直前になって、駐日中国大使館（程永華大使）から「諸般の事情で延期してほしい」と連絡があり、急遽「延期」した。中国は、小沢一郎代表の随行者数人のビザは下りたのに、小沢一郎代表のビザだけが下りなかった。中国は、小沢一郎代表を天皇陛下に次ぐ「偉い人」と思っているので、国賓として招こうとしている。つまり、本来ならビザは不要なのである。習近平国家主席と李克強首相は2013年3月14日の就任早々から再三再四、小沢一郎代表を北京市に招こうとして連絡していた。これに対して小沢一郎代表は、「会いたい気持ち」を抑えて、「二重外交になるから」と言って、訪中を控えてきた経緯がある。小沢一郎代表は中国から正式に招待されれば、訪中を断れない。喜んで訪問することにしている。

オバマ大統領とプーチン大統領が、安倍晋三首相から巨額資金をせしめようと猛烈な駆け引きを続けている

安倍晋三首相のロシア訪問（2016年5月6日）をめぐって、米国オバマ大統領とロ

シアのプーチン大統領が、猛烈な駆け引きを続けてきた。はっきり言えば、「対ロ経済制裁中」のオバマ大統領がこの訪問を妨害していたのだ。プーチン大統領が、シベリア開発にかこつけて、日本から巨額資金をせしめようとしているのが、みえみえなので、オバマ大統領は、面白くなかったのだ。だからオバマ大統領は「プーチン大統領に巨額資金をくれてやるくらいなら、こちらによこせ」と言ってきたのだ。プーチン大統領は「安倍晋三首相が、ロシアに来ないのであれば、こちらから訪日して、巨額資金をもらっていく」とまで言ってオバマ大統領に挑戦。もっとも、安倍晋三首相に「巨額資金を支払う権限と能力がある」と思い込んでいるとすれば、大きな錯覚であった。

オバマ大統領とプーチン大統領の誤りは、安倍晋三首相、麻生太郎副総理兼財務相、黒田東彦《はるひこ》日銀総裁が、世界支配層（天皇陛下が頂点に立っている300人の個人委員会、ゴールドマン・ファミリーズ・グループ、フリーメイソン・イルミナティ）に属している主要国への巨額資金分配（シェア）権限にタッチできると思い込んできたことだ。だから、安倍晋三首相を奪い合う珍事が起こっていた。だが、安倍晋三首相には何の権限も能力もないのである。

実際、「4京3000兆円」の分配（シェア）手続きが進められていたけれども、実際に実行されるのは、「小沢一郎政権が樹立」されてからということになっていた。オバマ大統領とプーチン大統領は「取らぬ狸の皮算用」をしていたのである。

米国オバマ大統領とロシアのプーチン大統領が、繰り広げてきた猛烈な駆け引きを、以下整理してみよう。

〈1〉米オバマ大統領は2016年2月9日の日米電話首脳協議で、安倍晋三首相がG7伊勢志摩サミット（5月26日、27日）を控えて、ゴールデン・ウィークを利用してロシア訪問の日程調整をしていることについて、「時期を考えてほしい」と懸念を表明。これに対して、安倍晋三首相は「日本には、北方領土返還・日ロ平和友好条約締結交渉問題があるので、ロシア訪問をやめるわけにはいかない」と突っぱねる。

〈2〉「第4回核セキュリティ・サミット」（3月31日、4月1日、米国ワシントンDC）に参加した安倍晋三首相は、オバマ大統領と首脳会談。そのなかで、こう言われたという。「ロシアとは、勝手なことをするな。日本は、米国の利益になることをやれ。ケリー国務長官を同行させて、プーチン大統領との間を取り持つから、5月にロシアに非公式訪問して、プーチン大統領に会って、どんな世界戦略を立てているのかをしっかり聞き出してこい」

オバマ大統領は、プーチン大統領がクリミアを併合した問題で、「対ロ経済制裁」を2

年間続け、同盟国にも同調させてきており、安倍晋三首相が、プーチン大統領に融和的態度を取り、勝手な行動をするのを嫌っている。

〈3〉安倍晋三首相は、G7伊勢志摩サミットの前に、プーチン大統領に会いたいと思っていた。本当は、来日してくれることを願って、たびたび招請してきたが、安倍晋三首相が、オバマ大統領の尻馬に乗って、「対ロ経済制裁」を続けていたので、怒ったプーチン大統領は「北方領土はロシアのものだ。ロシア国民に無償で与える」と宣言している。そこで、自らモスクワに乗り込んで、日ロ首脳会談を実現したいと思っていたが、それにも応じてもらえないできた。

〈4〉安倍晋三首相は4月12日までに、ゴールデン・ウィーク中の訪欧、訪ロ日程を決定していた。プーチン大統領とは、5月6日、ロシア・ソチのプーチン大統領の別荘で首脳会談する予定であった。

〈5〉ロシアのラブロフ外相は4月15日、訪日し、岸田文雄外相と飯倉公館で会談、安倍晋三首相のロシア・ソチへの訪問と、プーチン大統領との会談について合意した。

〈6〉オバマ大統領は、安倍晋三首相に連絡し、訪ロ中止を求める。「第4回核セキュリティ・サミット」の際に、「ケリー国務長官がプーチン大統領との間を取り持つ」とした約束を覆し、「ハシゴ」を外す。

〈7〉ロシア外務省のザハロワ報道官は4月16日、ロシアトゥデイのインタビューで、来月予定されていた安倍首相のロシア訪問中止について、「日本は圧力を受けており、この訪問を中止するよう勧告を受けていた」と語る。
〈8〉プーチン大統領は、「安倍晋三首相が訪ロしないのであれば、こちらから日本に行く」と表明する。

オバマ大統領は、これまでに幾度となく、巨額資金の提供を安倍晋三首相に催促してきた。だが、安倍晋三首相が、巨額資金を振り込まないので、業を煮やした米国オバマ大統領を中心とする米英仏3国連合は2014年4月、日本の「闇のコンピューター帝国」に協力させて、「天皇家の金塊などの莫大な資産」の所有権、管理権、使用権、それに「金塊などが生む富」に関わるデータやパスワードなどを盗み取ろうとして、「サイバーテロ」を仕掛けてきた。この動きを事前に察知した「天皇派」のIT技術者たちが、総理府、内閣府、さらには宮内庁と連携して、「サイバーテロ」を防ぐセキュリティソフト開発を急がせた。そのなかで、天皇皇后両陛下は2013年11月30日、6日間の滞在日程でインドを訪問して、シン首相にセキュリティソフト開発を依頼された。インドには、最優秀のIT技術者が数多くいるからだ。この結果、「悪事」を未然に防ぐことができた。

一方、プーチン大統領は、安倍晋三首相と日ロ首脳会談を行うたびに、「シベリア開発」のための巨額資金提供を約束されてきた。しかし、いずれも「口約束」「空手形」のままになってきた。それを今度は、オバマ大統領が、安倍晋三首相の訪ロを妨害するのであれば、自ら日本に乗り込んで、安倍晋三首相から巻き上げようとする構えを示していた。要するに「取り立て」に来ようとしていたということだ。

米ソ対決・朝鮮南北対立を煽った「38度線」に守られた日本民族は、今度は「北朝鮮の核」で鉄壁の守りを固める

「米国の核の傘」の下の安全地帯から、菅義偉官房長官は2016年5月9日午前の記者会見で、「国連安全保障理事会決議、6カ国協議共同声明、日朝平壌宣言の順守が最優先だ。順守を行わずに核を保有し続ける意思を表明したことは断じて受け入れられない。米国、韓国と連携して安保理決議などの順守を求めていきたい」と発言し「第2の日本」北朝鮮の金正恩第1書記（当時）が、朝鮮労働党大会で「責任ある核保有国だ」などと宣言したことを批判した。しかしながら、米ソ対決・朝鮮南北対立を煽った「38度線」（関東軍が終戦直前に設定）に守られてきた日本民族は、今度は「北朝鮮の核」で鉄壁の守りを

固めようとしている。この公然の秘密に米大統領共和党候補の不動産王ドナルド・トランプ氏が気づき、日本に「自分の国は自分で守れ」と「核武装」を要求している。有り体に言えば「人の褌で相撲を取るな」ということであった。

大日本帝国が、大東亜戦争に敗戦する直前の1945年2月4日〜11日、当時のソ連クリミア自治ソビエト社会主義共和国のヤルタ近郊に、米国ルーズベルト大統領、英国チャーチル首相、ソ連スターリン書記長が集まり、首脳会談（ヤルタ会談）した。このなかでソ連が、日ソ中立条約を破って対日参戦すること、そして大日本帝国の関東軍が守備していた満州をソ連軍が、朝鮮軍が守備していた朝鮮半島を米軍が、それぞれ分割占領することを決定した。ところが、ヤルタ会談最中の2月6日、大本営は突如、表向き「戦況逼迫」を理由に朝鮮軍を廃止、これに伴い第17方面軍を設けて関東軍の隷下に置いた。

その後、1944年8月1日付で軍令部部員を兼務していた大本営参謀・瀬島龍三中佐（1945年2月25日、海軍の連合艦隊参謀兼務、3月1日付で、中佐に昇任）が7月1日付で関東軍参謀（任務は作戦主任＝対ソ連軍使）に着任した。実は、瀬島龍三中佐は少佐時代の1944年12月、単独でモスクワに2週間出張していた。このとき、ソ連からどんな情報を得ていたか不明だが、ヤルタ会談でソ連軍の対日参戦情報をキャッチしていた可能性が大である。

改めて説明するまでもなく、北朝鮮（朝鮮民主主義共和国）建国には、大日本帝国陸軍中野学校の残置諜者・畑中理（朝鮮名・金策＝副首相）らが絡んでいた。このことは、いまやよく知られていることである。

安倍晋三首相、菅義偉官房長官らの北朝鮮に対する姿勢は、単純すぎる。金正恩党委員長（元帥）が、何を望んでいるかを度外視して、「対話と圧力」のうち「圧力」に特化した戦略・戦術を墨守しているからである。真の政治家ならば、金正恩党委員長の「調略」を策動しなくてはならない。米国オバマ大統領に従属して、言いなりになるのではなく、密かに「調略」に乗り出すのでなければ、政治家とは言えない。「圧力」を加え続ければ、相手は、身構えて頑なになるばかりである。

安倍晋三首相が、金正恩党委員長に対して、「調略」できないのは、スタッフの中に有能な人材がいないからである。その最大の元凶である「日本会議」は頭から北朝鮮を危険視して、「思考停止」状態にある。そして最大の不幸は、超一級の「間諜＝スパイ」を北朝鮮に送り込めないことにある。あるいは、小泉純一郎元首相のように直接、北朝鮮に乗り込んで直談判するだけの度胸が安倍晋三首相、菅義偉官房長官らにはないのかもしれない。

それにしても、安倍晋三首相、菅義偉官房長官らは、迂闊である。北朝鮮の背後には安倍晋三首相が親密だと思っているロシアのプーチン大統領がいるのに、協力を得ようとしていない。北朝鮮建国の立役者は、大日本帝国の残置諜者であった以上に、ソ連が関わっていたのでこれを利用しない手はない。金正日総書記のロシア名は「ユーラ」、交通事故死した弟のロシア名は、「シューラ」と言った。安倍晋三首相が拉致被害者を本気で救出しようと思うのであれば、プーチン大統領に「巨額資金」を提供してでも、実行に移すべきである。救出に成功すれば、それこそ、「稀代の英雄」になれる。

北朝鮮と「韓国」の対立は、「ロシア、中国」と「米国」の対立をいまでも代理している。しかも、朝鮮戦争は、いまだに「休戦状態」にあることを忘れてはならない。つまり、いつ再燃してもおかしくないのだ。この対立・対決状態によって、日本は守られている。したがって、「第2の日本」である北朝鮮には気の毒ではあるが、第2次朝鮮戦争（核戦争）に巻き込まれてはならないのである。民族存亡の原理は、冷徹でなくてはならないからだ。

中国海軍のフリゲート艦が、尖閣諸島で「親中政権」求め、「安倍晋三首相は、早く退陣せよ」と示威行動

安倍晋三首相は、小沢一郎代表が家族的付き合いをしている中国の習近平国家主席、李克強首相から「匕首《あいくち》」を突き付けられている。中国は、参院議員選挙（2016年6月22日公示、7月10日投開票）を目前にして、中国共産党人民解放軍海軍フリゲート艦「ジャンカイ1級」1隻を沖縄県の尖閣諸島周辺の接続水域内で航行（6月9日午前0時50分頃から約2時間20分間）させていた。その直前には、接続水域に入っているロシア海軍の駆逐艦など3隻を追尾していたという。外務省の斎木昭隆外務事務次官は、即座に程永華《ていえいか》駐日大使を外務省に呼び、強く抗議したのに対して、中国国防省は、「合法だ。他国があれこれ言う権利はない」と反論している。これには、米国ジョン・ケリー国務長官やヘンリー・キッシンジャー博士ら世界支配層が憂慮しているにもかかわらず、安倍晋三首相が、中国と北朝鮮を第1、第2の仮想敵国とする安全保障整備関連法を制定し、「中国包囲網」を敷いて危機を煽っているので、安倍晋三首相を強く牽制し、「親中政権」への体制交代を求める意図が込められていた。ズバリ言えば「安倍晋三首相は、早く退陣せよ」という

ことだ。
安倍晋三首相は、G7伊勢志摩サミット（2016年5月26日、27日）を開催した。その後、中谷元防衛相は、「第15回アジア安全保障会議」（IISS、英国国際戦略研究所が主催＝シャングリラ対話、6月3日から5日までシンガポールのシャングリラホテルで開催）で、中国の南沙諸島における「埋め立て」による「軍事基地化」を航行の自由を損なうとして厳しく批判している。それぱかりか、フィリピンやベトナムなどとの「軍事協力」を強めており、中国の神経を逆撫でしている。
そんななか、米国と中国の外務、経済閣僚らが重要議題を協議する「第8回米中戦略・経済対話」を6日、2日間の日程で北京市内で開幕した。そして冒頭から南シナ海問題をめぐって米中の意見が対立した。だが米中が戦争を行うことは、双方の自殺行為になる。この意味で、米中が「第3次世界大戦」に突入することは、あり得ないのである
安倍晋三首相は、米CIAと密接な「ジャパン・ハンドラーズ」の勧告を受けて、「憲法9条改正」路線を驀進し、スパイ防止を目的とする特定秘密保護法制定、日本版NSC設立、新たな「日米防衛協力のための指針」（いわゆる「ガイドライン」2015年4月27日策定）、集団的自衛権を容認する憲法解釈変更、安全保障整備関連法制定を強行し、「改憲」実現に向けて、さらにアクセルを強めている。

しかし、これが、「ジャパン・ハンドラーズ」の指導によるものであったとはいえ、安倍晋三首相の持つ「超右翼的性格」から、「戦前回帰」＝「大日本帝国陸海軍復活」、「戒厳令制定」へと突き進んでいるため、中国は警戒を強めていた。

キッシンジャー博士は2016年2月3日、ロシアのモスクワを訪問し、プーチン大統領と会談し、「現在、米国と西側を支配している『古代の死のカルト』は阻止することができない。第3次世界大戦が現実化することはほぼ確実だ」と警告、世界平和秩序を確立するために「新機軸樹立」を急ぐことで合意した。この立場から、キッシンジャー博士は米国の「軍産複合体」を解体するとともに、「貧富の格差解消」を目指し、米大統領選挙では、「軍産複合体」と「ウォール街金融資本」を擁護している民主党のヒラリー・クリントン前国務長官の当選を阻止し、共和党の不動産王ドナルド・トランプ氏を当選させようとしていた。

このため、キッシンジャー博士は、「世界支配層の頂点に立たれておられる天皇陛下」を仰ぎ、これからの世界平和秩序をする「ホストカントリー」は日本が務めると判断し、その実行役を小沢一郎代表に任じている。以下にその経緯を記す。

【経緯】

2011年、天皇陛下を頂点とし、ジェイコブ・ロスチャイルドらを主要メンバーとするゴールドマン・ファミリーズ・グループが、オーストリー・ハンガリー系のフリーメイソン・イルミナティのメンバーである鳩山由紀夫元首相につくらせた民主党の小沢一郎元代表に巨額資金を委託する書類を作成する。条件は、民主党を潰さないことと田中眞紀子元外相を切ることであった。

２０１２年、小沢一郎元代表が、民主党野田佳彦首相に追い出される形で離党。ゴールドマン・ファミリーズ・グループは、小沢一郎が条件に反したと誤解する。

２０１３年、吉備太秦はＩＭＦ（国際通貨基金）の試験を受けて合格、サイナーとなる。

２０１５年、ゴールドマン・ファミリーズ・グループが構成する「３００人の個人委員会」が、その下にある世界銀行からＩＭＦ→日本銀行→メガバンク→Ｇ７へ分配（シェア）する巨額資金を動かす決定をする。

小沢一郎

第3章

平成の玉音放送で天皇陛下が本当に伝えたかったご真意とは？

〔吉備太秦のメッセージ③〕

人災、災害、国家の存立が危ぶまれるような緊急事態が起きた場合に、内閣総理大臣の判断により、「国会の承認なくして自衛隊を動かすことができる」という条項がすでに成立しており、集団的自衛権と簡単に称しているが、これは10本の法律を1つにまとめて国会で無理やり強行採決したものであり、明らかな憲法違反である。このような暴挙を認めたのは、非常に国家として危ういことである。したがって、このまま安倍政権が続くのであれば、弱体化した米国とすでに強くなっている中国との戦争に、日本が一方的に巻き込まれ、米国が日本を頼ることになるだろう。

しかし、日本は国土が狭いので、中国の中距離弾道ミサイルは、すべて原子力発電所に照準を合わせている。日本には50基近い原発がある。そこを狙われたら、間違いなく日本人は1人もいなくなってしまう。そのような現実が目前にある。したがって、こうした危機が近々にあるということを認識し、国民の目を覚まして解決できる唯一無二の政治家、小沢一郎を総理大臣にして日本の命運を託すべきである。

それができないのであれば、この国は米国と一緒に破滅してしまう。それを国民は真摯に考え、目を覚ましてほしいということを、私は強く言いたい。それが2016

年8月8日の天皇陛下のお言葉の本当のご真意である。いま、ようやく平和ですべての人間が幸福を追求できる世界が実現しようとしているのに、米国と中国が戦争になり、日本が巻き込まれてしまったならば、せっかく積み上げてきたことがすべて水泡と帰してしまう。そのことをもう一度よく考えてほしい。政治家は見た目や、マスコミがつくったイメージといったことで選ぶものではない。第三の心眼を開いてその人間のやってきたこと、実績をよく考えて、選んでほしい。そういう意味では、いま本当に人類は、これから幸せな世界を築くことができるか、もしくは滅んでしまうかという、最大の岐路に差し掛かっている。主権はあくまで国民にある。つまり安倍政権を選んだのも国民である。その安倍晋三政権によって日本のみならず、世界が滅びたならば、その責任は日本国民にあるということになってしまう。

八百万の神様の精神性を持つ日本に課せられた重責が、どんなものであるかということを、いま一度考えていただきたい。

天皇皇后両陛下は山形県行幸、その「光被」に多くの国民は感銘、危機に瀕した地球環境を思い知らされる

天皇皇后両陛下は2016年9月10日午後、特別機で山形県の庄内空港に到着された。両陛下の山形行幸は2015年6月以来2年続けてのことで、天皇陛下が8月8日、「生前退位」の意向がにじむお気持ちを「ビデオ・メッセージ」(平成の玉音放送)により表明された後、ご公務で地方を行幸されるのは初めてのことであった。鶴岡市内のクラゲの水族館として知られる加茂水族館を訪れ、直径5メートルの大水槽を泳ぐクラゲの様子などをご覧になり、天皇陛下は、水族館の館長の説明を受けて、クラゲ飼育の苦労をねぎらわれた。11日は酒田市で開かれた「全国豊かな海づくり大会」の式典に出席され、続いて鶴岡市の鼠《ねず》ヶ関《せき》港に移動して、ヒラメやクロダイの稚魚の放流行事に参加された。12日午前、松ヶ岡開墾場をご視察、午後、鶴岡アートフォーラムでご会食された後、庄内空港から全日空特別機で帰京された。この行幸は、「豊かな自然環境」を育てようとされる天皇皇后両陛下の「光被」が文字通り広く世の中に行き渡り、多くの国民は感銘を受けるとともに、地球環境が危機に瀕していることを改めて思い知らされたに違いない。

天皇陛下を頂点とする世界支配層「ゴールドマン・ファミリーズ・グループ」は、「いまのままでは、この地球上の人類も、その他の動物も、この地球に住めなくなってしまう。かつて日本が高度経済成長を経てやってきたことと同じことを中国もやっている。ヨーロッパは日本より先んじてやってきた。ベトナムでもタイでもみんな同じようにやっていったら、地球環境は完全に破壊されて、生き物が住めなくなってしまう。その兆候の1つが異常気象だ。北極の氷はどんどん溶けていっており、北半球では、大気の温度がどんどんどんどん上がっている。すでに2度上昇していて、さらに2度上がったら、本当に住めなくなる。逆に南半球は温度が下がっている。まずいのは、磁場が乱れることだ。磁場が乱れると、コンピューターからGPSまで誤差が生じてくる。それは致命的なことだ。持続可能な社会ということで考えると、ここまで地球環境が悪化した以上、人々が心を入れ替えて経済政策を転換して、新機軸に変えていかなくてはならない」と力説している。

政府は2016年9月12日、「アベノミクス政策」(旧3本の矢)のうち、いまだ定め切れていない「成長戦略」の具体策を立案する官民会議「未来投資会議」(議長・安倍晋三首相)の初会合を首相官邸で開いた。「未来投資会議」は、「第4次産業革命とイノベーション(技術革新)」「企業関連制度改革・産業構造改革」「医療・介護」「ローカルアベノミクス(地方経済の活性化)」の4分野を中心に2017年夏頃をメドに成長戦略を定めるという。一方、政府の「規制改革会議」の後継組織「規制改革推進会議」（議長・大田弘子政策研究大学院大教授）も12日、初会合を開いた。

しかし、「未来投資会議」が描いている「成長戦略」は、池田勇人元首相が行った所得倍増計画や田中角栄元首相が描いた日本列島改造計画、中曽根康弘元首相の都市改造計画といった計画の延長線上にあり、世界支配層が目指している「新機軸構築」という目的にはそぐわない。地球環境を改善する事業と観光産業、原発廃炉ビジネスが主軸になっていないからである。

世界支配層は、小沢一郎代表しか「新機軸構築」を実現できないと期待しており、「小沢一郎政権」樹立を目指して政界工作を着々と進めている。そのために、「世界銀行→IMF（国際通貨基金）→日本銀行→メガバンク」ルートによってG7（日本、米国、英国、フランス、ドイツ、イタリア、カナダ）各国に第1弾として「ゴールド・ボンド」と名づけた巨額資金（約2440兆円）を分配（シェア）する手続きを済ませ、8月5日から順次実行、すでに完了しているという。

「象徴天皇」の「光被」は、国民のみならず、世界人類に寄り添い、いたわり、慰め、祈り、励まされる行為である

天皇陛下は、「光被」すなわち、「君徳」（君主としての立派な人柄。君主の徳＝身についた品性。社会的に価値のある性質。善や正義に従う人格的能力）を広く世の中に行き渡らせ続けておられる。それは、単なる権威や権力とは違う「象徴天皇」として、国民のみならず、世界人類に寄り添い、いたわり、慰め、祈り、励まされる行為である。天皇皇后両陛下は２０１６年９月28日、国体の総合開会式などにご臨席のため、羽田空港発の特別機で岩手県に入られた。天皇陛下が「生前退位」への強い思いを表明してから震災の被災地に足を運ばれるのは初めてのことだ。両陛下の岩手訪問は２０１３年７月以来で、震災後３回目となった。

例年２泊３日の行幸を今回は、異例の４泊５日の日程で、前半には東日本大震災の被災地、それも国体会場から離れた沿岸部の被災地まで足を延ばしてご訪問、復興状況を視察された。両陛下は28日、花巻市東和総合支所で、達増拓也知事から被災者の住宅再建や水産業の再生など震災の復興状況について説明を受け、８月31日の台風10号の被害状況（岩

手県岩泉町の高齢者施設が浸水被害に遭い、9人が死亡など）についても聞かれた。

その後、宿泊先の大槌《おおつち》町「三陸花ホテルはまぎく」に移動された。このホテル（当時の名称は「浪板観光ホテル」）には、19年前にも滞在され、近くの砂浜に咲くハマギクの花を気に入られた。ロータリークラブ役員で同ホテル経営の山崎龍太郎氏は、両陛下をハマギクが群生する崖近くまで案内し、後日、苗を両陛下に贈っていた。ハマギクは、いまでも皇居で育てられていて、被災地と皇居とを結ぶシンボルになっている。

両陛下は夕方、大槌町の「三陸花ホテルはまぎく」から、津波が押し寄せた海の方向を見つめられた。東日本大震災の津波で、ホテルは3階まで津波にのまれた。山崎氏ら5人は行方不明のままだ。両陛下は、襲ってきた津波の高さを知り、驚かれていたという。遠くの岩場を見つめ、19年前の散策場所について「どの辺まで行けましたかね」とお尋ねになり、砂浜が地盤沈下した現状を気にかけられているご様子だったという。

営業再開した山崎氏の弟の千代川茂社長が、「ハマギクの絆で再建できました」と話すと、天皇陛下は「頑張りましたね」とねぎらいのお言葉をかけられた。千代川茂社長は「お声をかけていただき報われた。被災地と皇居はハマギクでつながっている。忘れずに被災地を訪れてくださることは地域の喜びです」と話した。ハマギクの花言葉は「逆境に立ち向かう」。両陛下は、ホテルで栽培されているハマギクをご覧になり、「花びらが大きいですね」などと話されていたという。

両陛下は29日、同町と山田町を震災後初めて見て回られ、再建された卸売市場を視察された後、中高生と交流された。

また、天皇皇后両陛下は２０１６年4月14日、熊本大地震が起きた直後から甚大な被害に心を痛められ、「一日も早く赴きたい」との気持ちを示しておられたという。そして震災発災から1か月後の5月19日午前、熊本地震の被災地を見舞うため、羽田発の特別機で熊本県に入られた。

午後には熊本空港で、蒲島郁夫知事から被災状況を聞かれた後、自衛隊のヘリに搭乗され、崩落した阿蘇大橋など地震の被害状況をご視察、南阿蘇村の避難所で被災者を慰労された。その後、再びヘリで最大震度7を観測した益城《ましき》町、西原村を上空から見て回られ、益城町の各避難所にも立ち寄られて、それぞれ20分程度、膝をつかれて被災者にいたわりの言葉をかけられた。また、熊本市長、益城町長、南阿蘇村長、西原村長と懇談し、救助活動に尽力した警察、消防、自衛隊の関係者、復興支援にあたるボランティアらをもねぎらわれた。「日帰り」の日程という慌ただしい行幸であったけれど、それほど天皇皇后両陛下が、被災者の身の上を気遣われていた証であった。

一方で安倍晋三首相は、熊本大地震発生当初、自衛隊員を２０００人しか派遣せず、4

月16日になってようやく増派を決定した。さらに「官邸での地震対応に集中したい」などとして16日の視察を取りやめ、国会でのTPP審議を強引に進めようとしていた。おまけに、熊本県の蒲島郁夫知事が15日に、「激甚災害の早期指定」を求めていたにもかかわらず、安倍晋三首相は、これを1週間以上無視し続けた後、4月23日になって、初めて被災地を視察訪問したが、最初の大きな地震が4月14日に発生してからすでに9日も経過していた。そして午前9時過ぎに現地に到着した安倍晋三首相は、熊本県益城町や南阿蘇村をヘリで上空から視察、自衛隊や警察・消防などを回って「激励」した。被災地の避難所を訪問したのは、その後からであった。被災者に「地震が続くから心配でしょうけど、しっかり応援してますから」と話しかけたが、それがいかにも「他人事」のような口ぶりだったという。安倍晋三首相が、「激甚災害指定」を閣議決定することを表明したのは、25日になってからで、いかにも「心のこもらない対応ぶり」であった。

「象徴天皇」としての天皇陛下の「光被」に比べると、国家最高責任者としての「権威」と「権力」を握っている安倍晋三首相には、「徳」というものが微塵も感じられない。私利私欲、権力欲の塊である。

この違いが、地球環境問題に対する姿勢にもはっきり表れている。地球温暖化が、海水温を上げ、これが、赤道近くで台風の発生を促し、それらが、日本列島を直撃、縦断して、従来、台風が襲ってくることが稀だった北海道まで襲うようになった。そして集中豪雨による水害、河川の氾濫などを招き、多くの人々が、死傷している。それにもかかわらず、安倍晋三政権は、2020年以降の地球温暖化対策を進める新たな国際的な枠組みである「パリ協定」が、2016年11月4日に発効したのに、国会での批准手続きに遅れてしまい、国際的信用を失った。

環境技術先進国である日本は、国内だけで環境汚染防止に力を入れても、大気汚染が著しい中国はじめ発展途上国から汚染物質が排出されるのを抑えなければ、被害を免れない。このため、日本から環境技術を海外移転していかなければならないのだ。

また、放射性物質を発散させる原子力発電を停止し、廃炉しなければ、日本列島は、やはり汚染される。中国や韓国の原発からも放射性物質を発散ゼロにする必要がある。

天皇陛下は、私的行為として神事を執り行われている。天津罪・国津罪などの罪や穢《けが》れ、災厄などの不浄を心身から取り除くための「祓《はらえ》の神事」を行われている。環境汚染、原発から発される放射性物質も、文字通り「穢れ」であり、原発が事故を起こせば、「災厄」を招く。福島第一原発大事故を想起するまでもない。

天皇陛下は、象徴天皇を「虚器」（ロボット）から「実器」＝「世界の象徴天皇」へと高められた

世界最古「万世一系の天皇制度」は、初代・神武天皇（即位BC600年1月1日〜退位BC585年3月11日）から第125代・今上天皇陛下（即位1989年1月7日〜）まで、「皇紀2676年」を数える。安倍晋三政権は2016年9月23日、天皇陛下が8月8日の「ビデオ・メッセージ」（平成の玉音放送）により、生前退位の意向を強くにじませられたのを受けて、新たに「天皇の公務の負担軽減等に関する有識者会議」（メンバーは、今井敬《たかし》・経団連名誉会長、小幡純子・上智大法科大学院教授（行政法）、清家篤《せいけあつし》・慶應義塾長（労働経済学）、御厨《みくりや》貴《たかし》・東大名誉教授（日本政治史）、・宮崎緑・千葉商科大教授（国際政治学）、山内昌之・東大名誉教授（国際関係史）6人を起用）を設置し、10月中旬に初会合を開き、数か月以内に提言の取りまとめを目指す。

天皇陛下は、国事行為（日本国憲法第6条および日本国憲法第7条に列挙されている行為）以外の行為は行えない。これについて東京大学法学部の宮澤俊義名誉教授は、『コンメンタール全訂日本国憲法』の中で、まず第1条の「象徴天皇」について、「本条の規定

は、天皇の国の象徴以外の役割を原則として否認することのほかは、天皇の象徴としての役割を、創設的に規定したのでなく、単に宣言的に定めたにすぎない、と解すべきである」と述べている。

さらに、内閣の助言と承認と、天皇の応諾との関係については「天皇の国事行為に対して、内閣の助言と承認を必要とし、天皇は、それに拘束される、とすることは、実際において、天皇を、なんらの実質的な権力をもたず、ただ内閣の指示にしたがって機械的に『めくら判』をおすだけのロボット的存在にすることを意味する。そして、これがまさに本条の意味するところである」と述べて、いかにも「御名御璽《ぎょめいぎょじ》」(御名とは天皇陛下のお名前、御璽とは天皇陛下の公印)がなくてもいいように受け取れる解釈を示している。

確かに、日本国憲法は、象徴天皇に、いわゆる「実権＝権力」はなく、権力に伴う「権威」を規定上、認めていない。だからと言って、「機械的に『めくら判』をおすだけのロボット的存在＝虚器」にすぎないのであろうか。

御璽(天皇の公印)は普通のハンコではなく、「天皇御璽」と篆刻《てんこく》された印で、これは古代から変わらない。現在使われている御璽は約9センチ四方の黄金製である。御璽が使用されているのは、詔書、法律・政令・条約の公布文、条約の批准書、大使・公使の信任状・同解任状、全権委任状、領事委任状、外国領事認可状、認証官の官記・同免官の辞令、

4位以上の位記などである。今上天皇陛下は、年間1000枚を超えるこれらの公文書に「御名御璽」のハンコを押されているという。これは、かなりの重労働である。「機械的に『めくら判』をおすだけのロボット的存在＝虚器」にすぎないというのであれば、文書に『めくら判』をおすだけのロボットを造って、単純作業を行わせればよい。しかし、「御名御璽」のハンコを押されていない文書に名誉を感じてうれしく思うであろうか。宮澤俊義名誉教授の「象徴天皇」についての解釈は、拙劣にして幼稚である。

天皇陛下は、「ビデオ・メッセージ」により、日本国憲法第1条に規定の「象徴天皇」（天皇は、日本国の象徴であり日本国民統合の象徴であって、この地位は、主権の存する日本国民の総意に基く）を「虚器」から「実器」に高められ、「日本の象徴天皇から世界の象徴天皇」として崇められる存在になった。「実器」とは、「象徴天皇陛下が光被（君徳を全世界に遍く広く行き渡らせる行為）を実行される存在」であるという意味である。いわゆる単なる「権威的存在」ではなく、「権力を振るう存在」でもない。

そしてこれからの時代は、象徴天皇陛下の光被を受けて、「小沢一郎政権」が「世界新機軸」を築いていくのである。このためには、「シュメール・バビロニアをルーツとする黄金の国ジパングと言われる日本民族の秘密」をよく知り、『天孫人種六千年史の研究』（愛媛県今治市大三島町宮浦「大山祇神社」神官・三島敦雄著）に明記されている「我が皇室の淵源」「天皇の尊号と理想信仰」をひもとく必要がある。

「世界の象徴天皇」への崇敬の念から、「我が皇室の淵源」を正しく知りたいという国民の欲求が急速に高まっている

大日本帝国陸軍士官学校で副読本として使われていた『天孫人種六千年史の研究』は、大東亜戦争敗戦後、GHQによって焚書されて絶版となっていた。しかし、ここにきて「日本の天皇家は、スメル文明の直系の子孫」であるというバビロン学会の研究成果が再評価され、加えて、天皇陛下が発せられた「ビデオ・メッセージ」が、国内外で深い感銘を与えて、天皇陛下の「光被」(君徳)が、日本にとどまらず、海外に広く行き渡り、「世界の象徴天皇」として崇敬の念をもって受け止められた。さらに、「我が皇室の淵源」「天皇の尊号と理想信仰」について、正しく知りたいという国民の欲求が急速に高まってきている。

『天孫人種六千年史の研究』は、「古語に天皇をスメラミコトとも、スメラギ、ミカド、明津神とも申し上ぐることは、国家の大事実で国体の基底である」と述べ、「スメ(皇)、スメラ(天皇)とは、古代バビロニアのスメル(Sumer)と同語で、ル、ラは助辞の変化

である」「スメ、スム同語で全く神の義である。羅甸（ラテン）語のスメ（Summae）も至上至高の義で同語系統である」「我が皇室は、スメル尊号を負ひ賜ふ大君主にて、神民族の大宗家たる御系統なることが推知せらるゝ訳であらう」と説く。

また、日本各地にシュメール・バビロニアで崇められた神々が、祭られていることにも注目したい。「海路」によって、天孫族は、日本に渡来してきた。『天孫人種六千年史の研究』は、《日本人シュメール起源説》に立ち、古代から現代に至る歴史を通して日本民族の正体、「アイデンティティ（自己同一性）」を探求している。シュメール・バビロニアにおいて崇められた「各都市の主神」は、日本列島の各所で祭られており、これは、各地の「神名、地名、人名」に残っていて、日本民族が、いかにシュメール・バビロニアの子孫として関係の深い民族であるかを実証している。ここではその一例を紹介しよう。

【バビロニアの神と日本の神社名、地名、人名】

■日神（ウツ、ウト）⇓ウツ、ウト↓ウヅ、ウチ、ウヂ、ヲチ、ウサ、ウス、ウツシ、ウツツ。

ウツ＝宇津、宇美⇓豊後、伊予（今安芸）下野、長門、薩摩など＝神社名、地名。

ウト＝宇門、有度、菟砥、宇刀⇓大隅、駿河、和泉など＝神社名、地名。

ウヅ＝宇豆、珍⇩大隅、日向、豊後、大和、紀伊など＝神社名、地名、人名。

ウチ＝内、宇智⇩天孫第1の王都・薩摩国加世田、第2王都・高千穂宮址の大隅国鹿神宮の地、伊勢神宮の称号など＝皇室並びに天孫族の日神名称、神名、地名、尾張大和など。

ウヂ＝宇治、菟道⇩伊勢、紀伊、山城、大隅、薩摩など＝神社名、地名、人名。

ヲチ＝小市、平致、越智、尾市⇩伊予、大和＝人名、地名。

ウサ＝宇佐⇩豊前＝神社名、地名。

ウス＝宇須、臼⇩大和、下野、豊後など＝神名、地名。

ウツシ＝宇都志⇩筑前、信濃＝神名。

ウツツ＝内々、現々、内津⇩尾張、下野、和泉など＝神社名、氏族名、地名。

■海神（エア、ヤー）⇩ヤータ、ヤマダ、ヲヤマダ、ヤマヅ、ヤマト、ヤマキ、ヤ、イヤ、イヨ。

ヤータ＝八幡⇩大隅、豊前、対馬など＝海神。

ヤマダ＝山田⇩薩摩第1王都の地、大隅国第2王都の地、伊勢、尾張、長門、信濃など＝地名。

ヲヤマダ＝小山田⇩豊前、筑前など＝地名。

ヤマヅ＝山津⇓薩摩、伊勢、伊予、安芸、伊豆など＝大山津見神に転訛。

ヤマト＝大和⇓神名、地名。

ヤマキ＝山城⇓和泉＝地名。
ヤ、イヤ＝彌、伊夜⇓越後＝神社名。
イヨ＝伊予⇓四国の総名、国名―各海神に縁故。

■神の鎮護地＝ナグ、日神鎮護地＝ナグウツ⇓ナグサ、ナガサ、ナギサ。
ナグサ＝名草⇓紀伊、筑前など＝神社名、地名、人名。

ナガサ＝長狭⇓薩摩、摂津、安房など＝人名、地名。

ナギサ、ナギサダケ＝波激、波激武＝名草嶽、長狭嶽の変⇓大長宇津神社、長尾市。

■海神鎮護地＝ナグャー⇓ナグヤ、ナゴヤ、ナガヤ。
ナグヤ＝南久屋⇓肥前＝神社名、地名。

ナゴヤ＝名古屋、奈吾屋、名護屋、名籠屋⇓尾張、駿河、肥前、筑前など＝神社名、地名。

ナガヤ＝長屋⇓天孫第1の王都・薩摩吾田の長屋津（各海神に縁故）。

■水（海）神＝アッダ⇓長屋津で有名な薩摩国の古名・吾田国に存する。
ワダ＝海⇓和多津見神。

■海神＝チアマット⇩チマト、チマタ、タマト＝海神豊玉彦・衢神（ちまたのかみ、皇室に深く関係）

■南風神＝シューチ⇩塩土神・住吉筒之男神（皇室に深く関係）。

■軍神・暴風雨神＝アッダド⇩熱田神＝尾張。

■天神＝アヌ、アンヌ。

アノ＝安濃⇩伊勢紀伊＝神名、地名。

アマヌ＝天野⇩伊勢紀伊＝神名、地名。

■月神＝シン⇩シヌ、シナ。

シヌ＝小竹⇩紀伊、信濃など＝神名、地名。

シナ＝志奈⇩紀伊、信濃など＝神名、地名。

■火神＝アグ→アク→アクバ、アゴ、アコギ、アギ、アキツ、アキバ、アカ、アタゴ、イクタ、カグ、カラクニ、カゴ、カコ、コ。

アク＝飽⇩火神ギビル族の本屋拠＝吉備児島＝地名。

アクバ＝飽波⇩駿河＝神社名。

アゴ＝吾、英虞⇩志摩＝神名、地名。

アコギ＝阿漕⇩伊勢＝神名、地名。

アキ、アギ＝阿紀、飽、安芸⇓大和、安芸＝神名、地名。
アキツ＝明津、秋津⇓天皇の尊号、本州の国号、大和＝地名。
アキバ＝秋葉⇓遠江＝神社名。
アカ＝明、明光、赤⇓播磨、河内、紀伊、上野＝神社名、地名。
アタゴ＝阿多古、愛宕⇓丹後、山城＝神社名、地名。
イクタ＝生田⇓英虞神を祀る摂津＝神社名。
カグ＝香、香具⇓大和、紀伊＝地名。
カラクニ＝韓国⇓大隅＝山名。
カゴ＝鹿児、香語⇓第2の王都・大隅、尾張氏など＝神名、地名。
カコ＝加古、可古⇓播磨、丹波＝神名、地名。
コ＝籠、高、児、古⇓丹後、備前、大和、伊豆など＝神名、地名（各火神に縁故）。
■火神＝日神ウツの子＝若狭彦神ワカウツ、新田神ニイウツ。
■アグの配偶神タシメーツ＝タフシ、タフセ＝塔志、塔世⇓男神、＝地名。

天皇陛下は、日本民族の「使命と役割」について、「自覚」を促されている

天皇陛下は2016年8月8日午後3時、「生前退位」と象徴天皇としてのお務めについてのお考えを、ビデオ・メッセージにより、自らお示しになられた。象徴としてのお務めについての天皇陛下のお言葉は、以下の通りである。

戦後70年という大きな節目を過ぎ、2年後には、平成30年を迎えます。

私も80を越え、体力の面などから様々な制約を覚えることもあり、ここ数年、天皇としての自らの歩みを振り返るとともに、この先の自分の在り方や務めにつき、思いを致すようになりました。

本日は、社会の高齢化が進む中、天皇もまた高齢となった場合、どのような在り方が望ましいか、天皇という立場上、現行の皇室制度に具体的に触れることは控えながら、私が個人として、これまでに考えて来たことを話したいと思います。

お言葉を述べられる天皇陛下

即位以来、私は国事行為を行うと共に、日本国憲法下で象徴と位置づけられた天皇の望ましい在り方を、日々模索しつつ過ごして来ました。伝統の継承者として、これを守り続ける責任に深く思いを致し、更に日々新たになる日本と世界の中にあって、日本の皇室が、いかに伝統を現代に生かし、いきいきとして社会に内在し、人々の期待に応えていくかを考えつつ、今日に至っています。

そのような中、何年か前のことになりますが、2度の外科手術を受け、加えて高齢による体力の低下を覚えるようになった頃から、これから先、従来のように重い務めを果たすことが困難になった場合、どのように身を処していくことが、国にとり、国民にとり、また、私のあとを歩む皇族にとり良いことであるかにつき、考えるようになりました。既に80を越え、幸いに健康であるとは申せ、次第に進む身体の衰えを考慮する時、これまでのように、全身全霊をもって象徴の務めを果たしていくことが、難しくなるのではないかと案じています。

私が天皇の位についてから、ほぼ28年、この間《かん》私は、我が国における多くの喜びの時、また悲しみの時を、人々と共に過ごして来ました。私はこれまで天皇の務めとして、何よりもまず国民の安寧と幸せを祈ることを大切に考えて来ましたが、同時に事にあたっては、時として人々の傍らに立ち、その声に耳を傾け、思いに寄り添うことも大切なことと考えて来ました。天皇が象徴であると共に、国民統合の象徴としての役割を果たすためには、天皇が国民に、天皇という象徴の立場への理解を求めると共に、天皇もまた、自らのありように深く心し、国民に対する理解を深め、常に国民と共にある自覚を自らの内に育てる必要を感じて来ました。こうした意味において、日本の各地、とりわけ遠隔の地や島々への旅も、私は天皇の象徴的行為として、大切なものと感じて来ました。皇太子の時代も含め、これまで私が皇后と共に行《おこな》って来たほぼ全国に及ぶ旅は、国内のどこにおいても、その地域を愛し、その共同体を地道に支える市井《しせい》の人々のあることを私に認識させ、私がこの認識をもって、天皇として大切な、国民を思い、国民のために祈るという務めを、人々への深い信頼と敬愛をもってなし得たことは、幸せなことでした。

天皇の高齢化に伴う対処の仕方が、国事行為や、その象徴としての行為を限りなく縮小していくことには、無理があろうと思われます。また、天皇が未成年であったり、重病などによりその機能を果たし得なくなった場合には、天皇の行為を代行する摂政を置くことも考えられます。しかし、この場合も、天皇が十分にその立場に求められる務めを果たせぬまま、生涯の終わりに至るまで天皇であり続けることに変わりはありません。

天皇が健康を損ない、深刻な状態に立ち至った場合、これまでにも見られたように、社会が停滞し、国民の暮らしにも様々な影響が及ぶことが懸念されます。更にこれまでの皇室のしきたりとして、天皇の終焉に当たっては、重い殯《もがり》の行事が連日ほぼ2ヶ月にわたって続き、その後喪儀《そうぎ》に関連する行事が、1年間続きます。その様々な行事と、新時代に関わる諸行事が同時に進行することから、行事に関わる人々、とりわけ残される家族は、非常に厳しい状況下に置かれざるを得ません。こうした事態を避けることは出来ないものだろうかとの思いが、胸に去来することもあります。

始めにも述べましたように、憲法の下《もと》、天皇は国政に関する権能を有しません。そうした中で、このたび我が国の長い天皇の歴史を改めて振り返りつつ、これからも皇室がどのような時にも国民と共にあり、相たずさえてこの国の未来を築いていけるよう、そして象徴天皇の務めが常に途切れることなく、安定的に続いていくことをひとえに念じ、ここに私の気持ちをお話しいたしました。

国民の理解を得られることを、切に願っています。

ビデオ・メッセージの形式は、２０１１年3月の東日本大震災時に天皇陛下が国民にお気持ちを表明して以来2度目となる。だが、今回は、大東亜戦争敗北後71年を経て、日本民族は何を為すべか、日本国民に課せられた「使命と役割」について、１人１人に「自覚を促す」重い意味が含まれており、いうなれば「平成の玉音放送」と呼ぶに相応しい。宮内庁は当初、８月初旬に公表する案も考えていたが、すでに決まっていた公務や皇室行事のほか、広島、長崎の原爆の日にあたる8月6日と9日、全国戦没者追悼式の15日を避け、お気持ち表明の時間はリオ・オリンピック競技日程と重ならないよう8日の午後3時に設定したという。

NHKは2016年7月13日午後、「天皇陛下が生前退位の意向を示されている」というフラッシュ・ニュースを流し、「天孫人種6000年の歴史」を誇る「万世一系の天皇制」を揺るがす大激震を起こした。この衝撃は、日本国内にとどまらず、海外に衝撃を与えた。とくに安倍晋三政権は、首相官邸内で密かに「生前退位」や「女帝」などについて、皇室典範改正を検討していたことが明るみに出て、大慌てでした。宮内庁は、皇室に関わる皇室典範改正を何の相談もなく、安倍晋三政権が勝手に検討していたことを遺憾として、内々に抗議したという。しかし、国事行為、ご公務、私的行事などが、ご高齢の天皇陛下にとって過重になりすぎていることを多くの国民が心配しており、天皇陛下が心の内を明かされる機会をお持ちになられる必要があると受け止め、今回のビデオ・メッセージ形式でのお気持ち表明を決めた。

天皇陛下は、戦争犠牲者や自然災害被害者の慰霊と鎮魂、公害被害者への慰問、平和祈願、自然環境汚染、核兵器・原発の危険性、放射能の恐ろしさなどを憂慮し、全国各地、海外を訪問されている。しかし、政治的発言を禁じられているので、天皇皇后両陛下は、これまで国内外で「鎮魂の旅」を続けてこられた。つまり、暗黙の訴えを「行動」で示してこられたのだ。

だが、平和や国民の生命の安全を切に願っておられる天皇陛下と憲法改正を急ぐ安倍晋三首相との間には、大きな確執がある。天皇陛下にごく近い筋は「天皇陛下は、憲法改正に反対されており、安倍晋三首相を快く思っておられない。このため、安倍晋三首相は、天皇陛下を生前退位させて、皇太子殿下に皇位を継がせて、思い通りにしようとしている」と強い警戒感を示している。

これに対して、天皇陛下は、「生前退位の意向」というフラッシュ・ニュースで安倍晋三首相を逆手に取って、憲法改正を阻止しようとされたのではないかという見方がされている。皇室典範には生前退位は規定がなく、改正しなければならない。安倍晋三首相は憲法改正の前に皇室典範を改正しておく必要があり、時間を要するので、憲法改正を阻止できるという作戦である。

戦後71年間、どこの国とも戦争をせず、平和を堅持してきた日本は、世界中の国々から、大きな期待を寄せられている。さらに日本は「天皇の金塊」という言葉で象徴される潤沢な資金を保有し、環境技術は世界最高水準を誇る。

国連は「正規軍」を創設できない不完全な組織機関であり、さらに米英仏露中の5大国が安保理で拒否権を持ち、行使できる歪《いびつ》な体制の下で、米国が「世界の警察官」を自任して、世界秩序を維持しようとしてきた。だが、「軍産複合体」を維持するために大戦争を引き起こし続けてきたことから、巨額の戦費が重圧となり、ついに財政ピンチに陥り、落ちぶれてきた。

国連をグレード・アップして「地球連邦政府樹立・地球連邦軍創設」を図り、これらの難問解決に取り組み、「恒久の平和」（日本国憲法前文第二項）に向けて、「新世界」を築く「使命と役割」を担えるのは、ひとえに天皇陛下の願いを受け止めることのできる日本民族、日本国民でしかない。このことをしっかり「自覚」するよう天皇陛下は促されているのである。

毎日新聞は2015年8月1日、「玉音放送　終戦の詔書（1945年8月15日）の原文と大意」を以下のように伝えた。今一度、我々は天皇陛下の願いをしっかりと受け止めなければいけない時代に立たされている。

原文

朕深ク世界ノ大勢ト帝国ノ現状トニ鑑ミ非常ノ措置ヲ以《もっ》テ時局ヲ収拾セムト欲シ茲《ここ》ニ忠良ナル爾《なんじ》臣民ニ告ク

朕ハ帝国政府ヲシテ米英支蘇四国ニ対シ其《そ》ノ共同宣言ヲ受諾スル旨通告セシメタリ

抑々《そもそも》帝国臣民ノ康寧《こうねい》ヲ図リ万邦共栄ノ楽ヲ偕《とも》ニスルハ皇祖皇宗ノ遺範ニシテ朕ノ拳々《けんけん》措《お》カサル所曩《さき》ニ米英二国ニ宣戦セル所以《ゆえん》モ亦《また》実ニ帝国ノ自存ト東亜ノ安定トヲ庶幾スルニ出テ他国ノ主権ヲ排シ領土ヲ侵スカ如《ごと》キハ固《もと》ヨリ朕カ志ニアラス然《しか》ルニ交戦已《すで》ニ四歳《しさい》ヲ閲《けみ》シ朕カ陸海将兵ノ勇戦朕カ百僚有司ノ励精朕カ一億衆庶ノ奉公各々《おのおの》最善ヲ尽セルニ拘《かかわ》ラス戦局必スシモ好転セス世界ノ大勢亦我ニ利アラス加　之《しかのみならず》敵ハ新ニ残虐ナル爆弾ヲ使用シテ頻《しきり》ニ無辜《むこ》を殺傷シ惨害ノ及フ所真ニ測ルヘカラサルニ至ル而《しか》モ尚《なお》交戦ヲ継続セムカ終《つい》ニ我カ民族ノ滅亡ヲ招来スルノミナラス延《ひい》テ人類ノ文明ヲモ破却スヘシ斯《かく》ノ如クムハ朕何ヲ以テカ億兆ノ赤子《せきし》ヲ保《ほ》シ皇祖皇宗ノ神霊ニ謝セムヤ是《こ》レ朕カ帝国政府ヲシテ共同宣言ニ応セシムルニ至レル所以ナリ

朕ハ帝国ト共ニ終始東亜ノ解放ニ協力セル諸盟邦ニ対シ遺憾ノ意ヲ表セサルヲ得ス帝国臣民ニシテ戦陣ニ死シ職域ニ殉シ非命ニ斃《たお》レタル者及其ノ遺族ニ想《おもい》ヲ致セハ五内為《ごだいため》ニ裂ク且《かつ》戦傷ヲ負ヒ災禍ヲ蒙《こうむ》リ家業ヲ失ヒタル者ノ厚生ニ至リテハ朕ノ深ク軫念《しんねん》スル所ナリ惟《おも》フニ今後帝国ノ受クヘキ苦難ハ固ヨリ尋常ニアラス爾臣民ノ衷情モ朕善《よ》ク之《これ》ヲ知ル然レトモ朕ハ時運ノ趨《おもむ》ク所堪ヘ難キヲ堪ヘ忍ヒ難キヲ忍ヒ以テ万世ノ為ニ太平ヲ開カムト欲ス

朕ハ茲ニ国体ヲ護持シ得テ忠良ナル爾臣民ノ赤誠ニ信倚《しんい》シ常ニ爾臣民ト共ニ在リ若《も》シ夫《そ》レ情ノ激スル所濫《みだり》ニ事端《じたん》ヲ滋《しげ》クシ或《あるい》ハ同胞排擠《はいせい》互ニ時局ヲ乱リ為ニ大道《だいどう》ヲ誤リ信義ヲ世界

ニ失フカ如キハ朕最モ之ヲ戒ム宜《よろ》シク挙国一家子孫相伝ヘ確《かた》ク神州ノ不滅ヲ信シ任重クシテ道遠キヲ念《おも》ヒ総力ヲ将来ノ建設ニ傾ケ道義ヲ篤《あつ》クシ志操ヲ鞏《かた》クシ誓テ国体ノ精華ヲ発揚シ世界ノ進運ニ後レサラムコトヲ期スヘシ爾臣民其レ克《よ》ク朕カ意ヲ体セヨ

大意

私は深く世界の大勢と日本の現状に鑑み、非常の措置をもって時局を収拾しようと思い、忠実で善良な国民に告げる。

私は政府に米国、英国、中国、ソ連の4カ国に対しそのポツダム宣言を受諾することを通告させた。

そもそも、国民の安全確保を図り、世界の国々と共に栄え、喜びを共にすることは、天皇家の祖先から残された規範であり、私も深く心にとめ、そう努めてきた。先に、米英2カ国に宣戦を布告した理由も、帝国の自存と東亜が安定することを願ってのことであり、他国の主権を排除し、領土を侵すようなことは、もちろん私の意思ではなかった。

しかしながら、戦争はすでに4年を経て、わが陸海軍将兵の勇敢な戦闘や、官僚たちの勤勉な努力、国民の無私の努力は、それぞれ最善を尽くしたにもかかわらず、戦局は必ずしも好転せず、世界の情勢も日本に不利に働いている。

それだけでなく、敵は新たに残虐な爆弾（原子爆弾）を使用して、罪のない人々を殺傷し、その被害ははかり知れない。それでもなお戦争を継続すれば、ついにわが民族の滅亡を招くだけでなく、人類の文明をも破壊してしまうだろう。そのような事態になれば、私はどうしてわが子ともいえる多くの国民を守り、代々の天皇の霊に謝罪することができようか。これが、私が政府にポツダム宣言に応じるようにさせた理由である。

私は日本とともに終始、東亜の解放に協力してきた友好国に対して、遺憾の意を表さざるを得ない。

国民で、戦場で死亡し、職場で殉職し、思いがけない最期を遂げた者、またその遺族のことを考えると、身が引き裂かれる思いがする。さらに戦場で負傷し、戦災に遭い、家や仕事を失った者の生活については、私が深く心配するところである。思うに、これから日本の受けるであろう苦難は尋常ではない。あなたたち国民の本心も私はよく知っている。しかし、私はこれからの運命について耐え難いことを耐え、忍び難いことを忍んで、将来のために平和な世の中を切り開こうと願っている。

私は、ここにこうして国体を護持して、忠実で善良な国民の偽りのない心を信じ、常にあなた方国民と共にある。もし激情にかられてむやみに事をこじらせ、あるいは同胞同士が排斥し合って国家を混乱に陥らせて、国家の方針を誤って世界から信用を失うようなことを私はもっとも戒めたい。国を挙げて一つの家族のように、子孫ともどもかたく神の国日本の不滅を信じ、道は遠く責任は重大であることを自覚し、総力を将来の建設のために傾け、道義心と志をかたく持ち、日本の栄光を再び輝かせるよう、世界の動きに遅れないよう努力すべきだ。あなた方国民は私のそのような考えをよく理解してほしい。(公益財団法人郷学研修所・安岡正篤記念館監修)

小沢一郎代表は、国際政治家として評価を急速に高めており、安倍晋三首相は、早期退陣を求められている

小沢一郎代表は、国際政治家として評価を急速に高めている。世界支配層が、小沢一郎代表に「物心両面」からパワーを注いでいるからである。天皇陛下が「平成の玉音放送」(2016年8月8日)により国民にメッセージを送られて、これに安倍晋三首相が、「憲法改正をやりにくくなったとブチ切れている」という情報が流布している半面、「小沢一郎代表の声明・談話は、100点満点と評価されている」という声が聞こえていた。

天皇陛下は2016年8月10日、皇居・宮殿「松の間」で、タンザニアと韓国の新任大使の信任状奉呈式に臨まれた。8日のお気持ち表明後、公的な行事が行われる宮殿でのご

公務は初めてであった。宮内庁によると、天皇、皇后両陛下は8日午後のビデオ・メッセージ放映時、お住まいの御所におられて、天皇陛下は同日夕、内閣からの書類に署名や押印をする定例の執務を行われた。両陛下は9日、長崎原爆の日にあたって黙禱され、同日夜、皇太子さまと秋篠宮さま、長女の黒田清子さんを御所に招き、夕食を共にされたという。

これとは対照的に、安倍晋三首相は8月8日午後、天皇陛下のビデオ・メッセージを視聴した後、9日から山梨県鳴沢村の別荘で2度目の夏休みに入り、10日には、同村のゴルフ場で、大学時代の友人らと趣味のゴルフ（7月23日以来）を満喫し、内閣改造・自民党役員人事などで神経を使ったストレスの解消と気分転換を図っている。文字通りノー天気な首相であった。

小沢一郎代表の国際政治家としての評価が、急速に高まり始めたのは、2016年8月4日頃からであった。これに敏感に反応したのが、中国である。8月5日、中国が公船や漁船を尖閣諸島周辺に送り始め、6日には、公船7隻と漁船約230隻が接続水域に侵入してきた。その後も連日、領海侵入を続ける中国は、岸田文雄外相が9日午前、中国の程永華駐日大使を外務省に呼び、「日中関係をめぐる状況は、著しく悪化している」と強く抗議し、「即時引き上げるよう」求めたにもかかわらず、無視し続けた。それどころか、程永華駐日大使は、「中国の領土だ。中国の船舶が関連の海域で活動するのは、当然だ」と逆に居直っている。9日には、中国公船13隻が尖閣諸島海域と接続水域を侵犯しているのを第11管区海上保安本部が確認したという。

中国北京政府の習近平国家主席、李克強首相は、安倍晋三首相の早期退陣、小沢一郎首相誕生を強く求めていると言われているので、公船と漁船を派遣して、安倍晋三首相に露骨に圧力をかけているとも言える。安倍晋三首相が、中国、韓国との近隣外交をギクシャクさせているだけに、小沢一郎代表の外交力に対する期待感が強かったのである。

中国メディアは天皇陛下の「ビデオ・メッセージ」をどのように解釈したのか?

天皇陛下の「ビデオ・メッセージ」は、憲法改正に前のめりになっている安倍晋三首相に対するキツーイ「一発」だったという見方がある。皇室典範に規定のない「生前退位」を希望して皇室典範の改正を求めているようでありながら、憲法第5条が明記している「摂政を置くこと」を希望していない。むしろ、摂政を否定しているように聞こえる。つまり、これは、明白な「憲法違反」である。摂政を憲法から消すには、憲法改正が必要となる。改憲である。天皇陛下のこの発言は、「政治的関与」になるからである。

象徴とは、シンボルであり、何の権能もない「虚器」とされてきた。人格はなく、意思も決定権もなく、権能もないとされてきた。だが、シンボルにも、シンボルとしての機能はある。それは、「権威」と言ってもよい。たとえば、世の中には、天皇陛下のサインがなければ、巨額な資金を動かせない世界がある。しかも、政治的権力が関与できないとなると、この機能は、絶大なパワーを持っていることになる。

いま権力者である安倍晋三首相の権力と天皇陛下の権威を比べると、天皇陛下のほうが、国民的に信用・信頼されている。この状況のなかで、安倍晋三首相を支持し憲法改正を叫んでいる「日本会議」のような勢力は、「生前退位」「女帝」を認めて、「摂政」を否定するような憲法改正・皇室典範改正を認めることができるだろうか。

天皇陛下は、この難題を安倍晋三首相に突きつけて、身動きができなくなるようにされたのではないかという推論が成り立つ。

２０１５年1月14日、新年恒例「歌会始の儀」が、皇居・宮殿「松の間」で行われた。天皇陛下の御製「夕やみのせまる田に入り稔りたる稲の根本に鎌をあてがふ」に込められた底意が、下世話を賑わした。田とは、安倍晋三首相の母方の祖父・岸信介元首相のルーツ、「山口県熊毛郡田布施町大字下田布施」の田布施を意味している。「田に稔る稲の根本に鎌をあてがふ」とは、意味深である。

自由主義も民主主義も不完全な中国には、勝手なことを言われたくないが、中国メディアは天皇陛下と安倍晋三首相の関係をよく見て、的確な分析しているのでここに紹介したい。おそらく中国は安倍晋三首相が「憲法改正をやりにくくなった」とブチ切れている理由を知っているのだろう。

天皇陛下のビデオメッセージを受け、中国メディアは9日「生前退位に関する議論に精力が注がれ、日本の右翼は憲法改正に集中できないと懸念している」（京華時報）などと一斉に報じた。改憲に意欲を示す安倍晋三首相への警戒感をあおり、日本をけん制する狙いがあるとみられる。

京華時報は「明仁天皇の逆襲」と題した評論で、天皇陛下が言及した「象徴天皇」がキーワードだとして「改憲で天皇を元首に引き戻そうとする安倍政権のたくらみに反撃した」と指摘。安倍政権による集団的自衛権の行使容認などに触れ「メッセージは民意を踏みにじった一連のやり方に対する婉曲的な批判だ」と説明した。

中国共産党機関紙、人民日報系の環球時報は天皇陛下を「現行憲法と平和、民主主義の擁護者」と論評。「天皇は安倍政権の改憲の動きと右傾化に相当な危機感を持っている」と評した。（埼玉新聞2016年8月10日付け朝刊「『右翼は改憲に集中できない』中国メディア」）

天皇陛下はいまや、日本国民だけの天皇陛下ではなく、世界諸国民の天皇陛下になられている

天皇陛下が2016年8月8日、「平成の玉音放送」とも言うべき「ビデオ・メッセージ」で、象徴天皇としてのお務めについて、初めてお言葉を述べられて、日本国内のみならず、世界に衝撃を与えて以来、各国の多くの人々が、ご高齢の天皇陛下のご健康を心配するとともに、敬愛と尊崇の念を深めていることが明らかになってきている。天皇陛下はいまや、日本国民だけの天皇陛下ではない。世界諸国民の天皇陛下になられている。象徴天皇は、一部の憲法学者が説いてきたような「虚器＝役に立たない名ばかりのうつわ。名目だけで実権の伴わない地位、虚位」ではない。単なる「権威」や「権力」をはるかに超越した「広大無辺太陽のような存在」である。

大東亜戦争開戦（1941年12月8日）直前、四王天延孝中将は、『猶太思想及運動』（内外書房刊）を顕し、「第8篇　日本の対猶太、対フリーメーソン策」―「第4章　まつろはしむ」の中で、「御門祭の祝詞には、〝各過アラムオバ、神直ビ大直ビニ見直シ開直シ

マシテ、平ラケク安ラケクツカヘマツラシメ賜フ〟とある」と述べて、武力で討滅してしまうのではなく、これを「まつろはしめる」のであると説いている。しかし、大日本帝国陸海軍の「主戦論者」は、昭和天皇が御前会議で明治天皇の御製「四方の海 みなはらからと思ふ世に など波風の立ち騒ぐらむ」と2度詠まれ、対米英蘭との開戦に反対されたにもかかわらず、開戦を強行した。欧米列強による植民地主義、帝国主義が席巻する時代の激流に、大日本帝国は、翻弄され、流され滅びたのである。

こうした時代状況と背景の下で、天皇陛下の「平成の玉音放送」を視聴した世界各国のマスメディアは、大きな衝撃を受けた。ＮＨＫ ＮＥＷＳ ＷＥＢは8月8日午後7時21分、「天皇陛下 お気持ち表明 外国メディアも速報」というタイトルをつけて配信した。

要点は、次の通りである。

新華社通信は、「終戦から70年となった去年、戦没者を追悼する際に『さきの大戦に対する深い反省と共に』という言葉を加えた。反省という言葉を初めて盛り込んだ」と伝えた。国営の中国中央テレビは「戦争を経験し、平和を熱愛している天皇だ」と紹介した。

韓国の通信社「連合ニュース」は、「２００1年の記者会見では、『桓武天皇の生母が百済の王の子孫だという記録が残っていることに韓国とのゆかりを感じる』と述べるなど、韓国に対して何度も関心を示している」などと天皇陛下のお人柄を紹介した。ニューヨーク・タイムズは、「ほとんどの人に認められている引退を82歳という年齢で望んでおり、あとは日本の国民と政治家がどう受け止めるかだ」、ウォール・ストリート・ジャーナルは、「生前退位への道が開かれれば、戦後の皇室制度における最も大きな変化となる」と伝えた。英国BBC国際放送は、「日本政府に対しても生前退位のプロセスを進めるよう求める強いメッセージとなった」と指摘した。

ロイター通信は、「国民の多くは天皇陛下のお気持ちに共感しているが、法律の改正が必要になるだろう」と指摘している。

オバマ大統領と安倍晋三首相は、「世界平和の破壊者」＝「朝敵」（朝廷の敵、天子に反逆する賊）と呼ばれている

「朝敵」（朝廷の敵、天子に反逆する賊）という言葉が、中央政界から海外まで、密かに囁かれている。ズバリ言えば、「オバマ大統領と安倍晋三首相」2人のことを指しているという。「世界平和の破壊者」というのが、「朝敵」と呼ばれる理由らしい。オバマ大統領は、核廃絶演説でノーベル平和賞を受賞したにもかかわらず、その裏で「核の小型化」を

進めていて、アフガニスタン・イラク戦争を完全終結させておらず、中東をいまだに大混乱させ続けているうえに、「第2の日本」北朝鮮（金正恩党委員長＝元帥）を「核攻撃」する準備を進めていたという。これが、世界平和を祈念されておられる「世界の象徴天皇陛下」のご意向に反し、「朝敵」と言われる所以である。だが、安倍晋三首相が、「朝敵」の烙印を押されているのは、なぜなのか。

安倍晋三首相は、中国との関係を悪化させ、オバマ大統領の尻馬に乗って北朝鮮を非難・攻撃するのみで、日朝国交正常化・日朝平和友好条約締結交渉も行おうともしていない。ひいては、オバマ大統領による「核攻撃」を認めているともいえ、北東アジアを不安定にしている。ロシアとは、プーチン大統領を２０１６年12月15日、選挙区の長門市に招待して日ロ首脳会談を行い、カネを払って北方領土の歯舞・色丹2島返還、国後・択捉2島共同開発でまとめることを決め、国後・択捉2島を、事実上ロシアの領土として認めてしまおうとしている。

天皇陛下は、安倍晋三首相が、２０１５年9月19日、「集団的自衛権行使を認める解釈改憲」から安全保障整備関連法制化を強行して、日本を「戦争ができる国」に後戻りさせたことを憂慮されている。一言で言えば、安倍晋三首相は、「宸襟《しんきん》を悩ましている」のである。このため、天皇陛下は、安倍晋三首相を「心の底から嫌っておられる」という。この表れが、天皇陛下の「ビデオ・メッセージ」（平成の玉音放送）であった。これを安倍晋三首相はじめ多くの国民は、「生前退位」のご意向を述べられたものと受け止めた。しかし、天皇陛下の「真意」は、ご自身の身の上についてではなく、日本が戦前のような「いつか来た道」に逆戻りすることを案じられるとともに、G７に分配（シェア）される「ゴールド・ボンド」による巨額資金が、世界平和と繁栄のために有効に使われるようとの願いを伝えるメッセージであった。

ところが、安倍晋三首相は、この巨額資金に自分が一切タッチできず、しかも天皇陛下を戴く世界支配層「ゴールドマン・ファミリーズ・グループ」が、天皇陛下のサインにより、小沢一郎代表にこの資金を託したことに、悔しさを抱いていた。この結果、天皇陛下を逆恨みして、陰に陽に「圧迫」を加えて復讐した。

その１つが、宮内庁長官人事であった。政府は２０１６年9月23日の閣議で、風岡典之宮内庁長官が退任し、後任に山本信一郎同庁次長を昇格させる人事を正式に決めた。さらに、後任次長には西村泰彦内閣危機管理監が就く人事が9月26日発令された。

宮内庁幹部の異動は、春に行われるのが通例であり、風岡典之宮内庁長官は２０１７年3月末の交代を予定していた。しかし、安倍晋三首相がこれを破り、６か月も前に交代させたのは、天皇陛下のお気持ちがＮＨＫのスクープ（天皇陛下のリーク）により表に出る過程で、宮内庁の対応に不満を持ったからだ。杉田和博官房副長官らが「天皇陛下には、生前退位の自由は憲法上認められていない」と判断し、負担軽減策の検討を進めていた最中、天皇陛下の「ご意向」が表面化した形だった。

宮内庁長官、次長は、旧内務省系列（自治省、厚生省、労働省、環境省、建設省、警察庁）の事務次官経験者が各省の顧問などを経て就任するのが、慣例である。

そのため、警察庁出身の西村泰彦次長が抜擢されたのは、警察庁にとって22年ぶりのことであった。しかも、警察庁出身の杉田和博官房副長官（埼玉県出身、埼玉県立浦和高等学校卒、東大法学部卒、地下鉄サリン事件当時の警察庁警備局長。性格は温和で、高い調整能力で知られる。警察ではほぼ一貫して警備・公安畑を歩み、警備局長を経て内閣官房で内閣危機管理監に就任し危機管理を担った）らの推挙により、「官邸直送」により次長に就任したのは、異例中の異例のことだった。安倍晋三首相は、暗黙の裡に天皇陛下に圧力をかけていると見られている。これが、「朝敵」と言われる要因の1つにもなっており、安倍晋三首相の命を受けて天皇陛下を厳しく監視する役目を担っている西村泰彦次長は、10月から始まった「天皇の公務の負担軽減等に関する有識者会議」の事務局に宮内庁を代表して参加している。

ともはつよし社　近刊予告

著者：三島敦雄

板垣英憲氏の解説付き
総ルビ復刻版を刊行予定！

第4章

「ゴールド・ボンド」巨額資金の使用目的

〔吉備太秦のメッセージ④〕

天皇陛下を戴く世界支配層「ゴールドマン・ファミリーズ・クループ」は、世界恒久の平和を築くための「新機軸」に基づく「国際秩序」を確立することで合意して、2016年11月11日より、小沢一郎代表をリーダーとして具体的行動を始めた。「ゴールド・ボンド」巨額資金の使用目的は、「新機軸」に基づき「国際秩序」を確立することにある。すなわち、**「第3次世界大戦回避＝核戦争回避」「全世界の原発廃炉＝原発ゼロ」「地球環境改善＝地球温暖化対策」「世界経済健全化＝人工知能（AI）活用型産業社会の構築」**などを実現することである。「強欲資本主義」の権化と言われる米国最大財閥のデイビッド・ロックフェラー、欧州最大財閥のジェイコブ・ロスチャイルドは、すでに他界した。両財閥ともに世界支配層「ゴールドマン・ファミリーズ・グループ」からは、外されているので、これらの財閥に僕《しもべ》の如く仕えて奉仕してきた米国政府はじめ各国政府、政治家、軍人、経済人などは、「軍産複合体」「金融工学活用型強欲資本市場」最優先の価値観や手法を大転換、すなわち、「パラダイムシフト」を求められている。安倍晋三首相の自公連立政権も例外ではない。

米バラク・オバマ大統領、安倍晋三首相らG7、G20の最高指導者は、デイビッド・ロックフェラー、ジェイコブ・ロスチャイルドによる「マインド・コントロール」に縛られ続けている。日本の場合は、いわゆる「ジャパン・ハンドラーズ」の支配力、影響力の下にある政治家、経済人が少なくない。

だが、ヘンリー・アルフレッド・キッシンジャー博士が2016年2月3日、訪ロしてモスクワでウラジミール・プーチン大統領と会談し、「新機軸」を築く合意をしたのをキッカケに「ジャパン・ハンドラーズ」の影響力が急低下してきた。ヘンリー・アルフレッド・キッシンジャー博士は2016年11月11日に「ジャパン・ハンドラーズ」を全員クビにして、「知日派」に入れ替えた。バラク・オバマ大統領、ヒラリー・クリントン前国務長官、安倍晋三首相らは、この意味を十分に理解していない。

世界支配層が分配する巨額資金は、「恒久の平和」（日本国憲法前文第2項）の新機軸を築いていく決定打の1つとなる

世界支配層「ゴールドマン・ファミリーズ・グループ」は、巨額資金運用益を世界各国に分配（シェア）する資金の「使用目的」について、「第3次世界大戦＝核戦争の勃発回避」「原発廃炉」「地球環境改善」「天候に影響されない農工業＝アグリ・インダストリーの普及」「ブレインモルフィックＡＩ開発」などへの積極投資を掲げている。これらは、「恒久の平和」（日本国憲法前文第2項）の新機軸を築いていく決定打の1つとなる。

「原発廃炉」は、放射能汚染、「地球環境改善」は、大気汚染・地球温暖化による生命危機から人類を救う。「天候に影響されない農工業＝アグリ・インダストリーの普及」は、食糧難による飢餓をなくす。「ブレインモルフィックＡＩ＝最先端人工知能の早期実現」は、「夢の半導体」開発により、ＩＴ社会をさらにグレード・アップすることができる。

「米中戦争＝核戦争」が勃発する危機が迫っており、これを回避する国際政治家が、いよいよ日本から登場する

北朝鮮の金正恩党委員長（元帥）は２０１６年10月10日、朝鮮労働党の創立記念日にあたり、米国との対決姿勢を一段と強く示している。国営メディアは「金正恩党委員長が、核武力を主軸とする自衛的国防力を強化するため、核・ミサイル開発を推し進めている」と称えた。北朝鮮政府首脳部は、「日本は、第2次世界大戦最終時、米国に2発も原爆を投下された。日本が米国より一足早く原爆を開発しておれば、米国に原爆を投下されないで済んだ」と考えて、核・ミサイル開発を推し進めているという。つまり、米国に届く核弾頭付弾道ミサイルを開発することが、米国から攻撃されないための最善の防衛戦略というこだ。そんななか、中国・習近平国家主席は、北朝鮮を盾にして、米国オバマ大統領に４０００兆円の借金返済を求めている。これに対して、４０００兆円の返済のメドが立たないオバマ大統領は、「戦争に訴えてでも、中国への借金をチャラにしようと企てている」と言われており、最悪の場合、「米中戦争＝核戦争」が勃発する危機が迫っていた。

米韓両軍は10月10日朝、韓国周辺海域で合同演習を始めた。演習では、米海軍横須賀基

地（神奈川県横須賀市）に配備されている原子力空母ロナルド・レーガンを含む空母打撃群が韓国西方の中国の「玄関先」である黄海と南部済州島沖に展開、米陸軍のヘリコプターも加わる。韓国海軍は、イージス艦「世宗大王」など四十数隻が参加。演習には地上目標をピンポイントで攻撃する訓練を実施。北朝鮮の核関連施設やミサイル基地への攻撃能力を誇示、黄海と日本海では北朝鮮特殊部隊の韓国潜入を阻止する訓練も行う。

「米中戦争＝核戦争」になれば、「中国・北朝鮮＝ロシア、ドイツ」VS「米国＝韓国、日本」の構図で核戦争が繰り広げられる可能性が大だ。日本は、日米安保条約による「同盟国」として米軍に従属して「集団的自衛権行使」が求められるので、否応なしに核戦争に巻き込まれる。

しかし、「米中戦争＝核戦争」を回避することができるのも、日本だけなのである。なぜなら米中両国の間に割って入って、関係を修復できる国際政治家が、日本にいるからである。それは「小沢一郎自由党代表」である。米国との関係は、「ジョン万次郎の会」会長を務めて日米交流を深めてきており、中国との関係では、全国青年連合会と日本側が共同で実施してきた大規模な中日民間友好交流活動の一つである「長城計画」を主宰している。日米両国の人脈を幅広く築いているので、米中関係を調整・仲裁できるのだ。

天皇陛下が最も大きな信頼を寄せておられる小沢一郎代表が、「第3次世界大戦＝核戦争」回避のため、本格的に動けば、「地球を破滅」させるような最悪の事態を防ぐことができる。それには、安倍晋三首相が退陣して、小沢一郎代表が、一刻も早く総理大臣＝首相の座に就いて、国際政治の檜舞台に登場することが求められる。

廃炉期間は20～30年 原発施設の除染、解体、廃棄物の処分などにかかる費用

「原発」は、ソ連（現：ウクライナ）のチェルノブイリ原発大事故、米国スリーマイル島の原発大事故、福島第一原発大事故が、それぞれ大きな被害を招いた。しかも廃炉には、莫大な費用がかかる。経済産業省は「廃炉期間は20～30年」「原発施設の除染、解体、廃棄物の処分などにかかる費用は、小型炉（50万キロワット級）が３６０億～４９０億円、中型炉（80万キロワット級）が、４４０億～６２０億円、大型炉（１１０万キロワット級）が５７０億～７７０億円」と試算しているという。負の遺産処理である「廃炉ビジネス」は、生産向上に何のプラスにもならない。

世界支配層は、「原発の廃炉」を決意、巨費を用意して日本の原発を含めて全世界の原発の廃炉を断行する

天皇陛下を頂点とする世界支配層は、小沢一郎代表に託して新しい秩序に基づく新世界を実現するため歩み出している。その目標の1つが、「原発の廃炉」である。

日本原子力産業協会（ＪＡＩＦ）がまとめた「世界の原子力発電所の数の国別ランキング」（２０１６年版、建設中や計画中の原発は除く）によると、運転中の全世界の原発は４３４基で、そのうち日本にある原発は世界3位の43基である。小さな島国に世界の原発の10％が集中しているのだ。日本9電力のうち、原発を持っているのは、沖縄電力を除く8電力。熊本大地震の震源地で、大きな被害を出した西南日本の延長上を縦断する大断層系、すなわち、九州－四国－関西－関東へと背骨のようにつながる大規模な断層帯は、文字通り歴史的にも「危険地帯」である。この南端に九州電力川内原発（鹿児島県薩摩川内市久見崎町字片平山１７６５－３）があり、四国の佐田岬半島に四国電力伊方原発（愛媛県西宇和郡伊方町九町３－40－３）がある。いまや大地震が発生すれば、どうなるかは、「想定内」のことである。このため、世界支配層は、巨費を用意して日本の43基を含めて

全世界の原発434基の廃炉を断行する。電力会社役員であれ、政治家であれ、政府であれ、知事であれ、裁判官であれ、逆らうことは、許されない。

鹿児島県の三《み》反《た》園《ぞの》訓《さとし》知事は2016年8月26日、運転中の九州電力川内原発1、2号機（同県薩摩川内市）の一時停止と点検を九電の瓜生道明社長に申し入れた。しかし、知事に原発の運転を止める法的権限はなく、瓜生道明社長は、おそらくこの申し入れを無視して、運転続行を強行するに違いない。だが、世界支配層は、「廃炉」を受け入れなければ、それなりの制裁措置に踏み切る。

なお、「世界の原子力発電所の数の国別ランキング」は、以下の通りである。

順位	国・地域	原発数
1位	アメリカ	99基
2位	フランス	58基
3位	日本	43基
4位	中国	30基
5位	ロシア	30基
6位	韓国	24基

7位　インド　21基
8位　カナダ　19基
9位　ウクライナ　15基
10位　イギリス　15基
11位　スウェーデン　10基
12位　ドイツ　8基
13位　スペイン　7期
14位　ベルギー　7基
15位　台湾　6基
16位　チェコ　6基
17位　スイス　5基
18位　フィンランド　4基
19位　ハンガリー　4基
20位　スロバキア　4基
21位　パキスタン　3基
22位　ブルガリア　2基

23位　ブラジル　2基
24位　南アフリカ　2基
25位　ルーマニア　2基
26位　メキシコ　2基
27位　アルゼンチン　2基
28位　イラン　1基
29位　スロベニア　1基
30位　オランダ　1基
31位　アルメニア　1基

全世界の原発数　434基

日本の近隣国である中国は、第4位の30基、韓国は6位の24基である。宇宙衛星から観測していると、これらの原発から「放射能」がバンバン排出されており、ジェット気流に乗って、日本列島を襲っているという。この事実に無感覚なのは、「鈍感」というよりは、むしろ恐るべきことである。

原発を1基廃炉にするには、大雑把に言って、最終処理まで約１００年、総費用約９００億円はかかる。日本の43基は３兆８７００億円、全世界４３４基は39兆６００億円を投入する必要があり、「廃炉ビジネス」が成り立つので、日本でも、すでに独占的にこのビジネスに関与している経済人がいるという。

では、原発を廃炉して、何によって世界の電力を賄うのか。

ソーラー、地熱、風力、潮力などは、今や当たり前になっている。そんななか、最新の技術として注目されているのが、「宇宙エレベーター」（大林組）である。宇宙にソーラーパネルを設置して、宇宙太陽光発電システムを使って発電し、地上に送電する壮大な計画だ。

大林組（白石達社長、本店・東京都港区港南２－15－２　品川インターシティB棟）は、「東京スカイツリー」を施工し、２０１２年5月に電波塔・観光施設として開業、いまは、「宇宙エレベーター」の建設に挑戦している。２０１４年7月19日～9月23日、「宇宙博２０１４―ＮＡＳＡ・ＪＡＸＡの挑戦―」が幕張メッセ国際展示

宇宙エレベーター

場ホール10・11で開かれた。

この展示物の中で目を引いていたものの1つが、「未来の宇宙開発」スペースで、とくに、実際にデモンストレーションされていた「宇宙エレベーター」であった。大林組は2012年2月、広報誌『季刊大林』53号（特集：タワー）で、2050年に地球と宇宙をつなぐ「宇宙エレベーター建設構想」を発表している。建設の視点から、宇宙エレベーターの持つ可能性を探求、1人80万円程度で宇宙旅行でき、宇宙太陽光発電が地上を潤す「宇宙エレベーター」の2050年実用化を目指している。

大林組は宇宙エレベーター建設構想について、以下のように説明している。

「『2050年エレベーターで宇宙へ』
大林組プロジェクトチームが2050年の完成を想定して構想をまとめたのが、『宇宙エレベーター建設構想』です。人や物資を経済的かつ大量に宇宙へ搬送するため、ロケットの代わりに建設。地球と月との距離の約10分の1の上空3・6

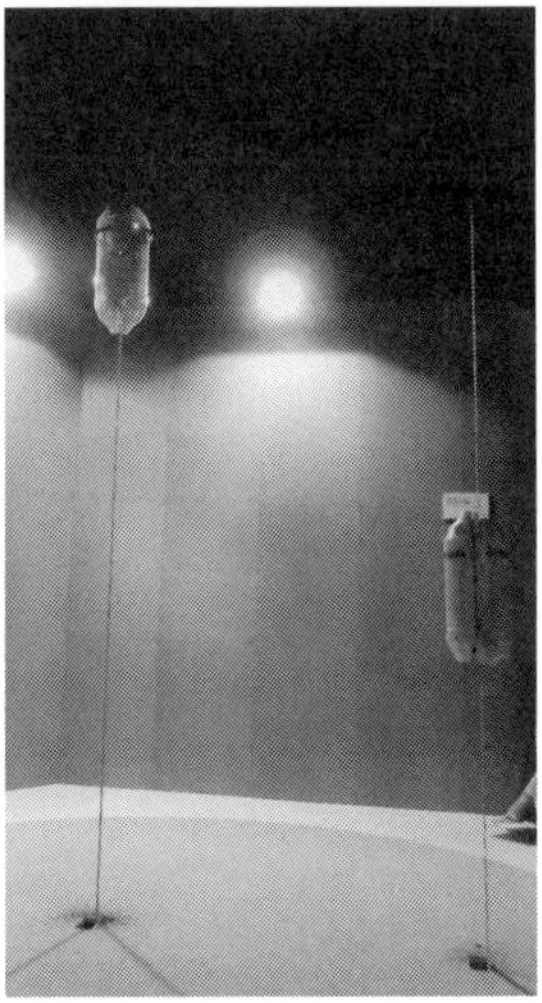
宇宙エレベーター

万kmにターミナル駅、地球の海洋上に発着場を設置、総延長9・6万kmのケーブルでつないでエレベーターを運行させます。この構想が実現すれば、宇宙太陽光発電、宇宙資源の探査や活用、宇宙観光旅行など、さまざまな分野での可能性が広がっていくことでしょう。地球上に構築する限り、建設物は自重によって壊れる限界点があります。しかし、9万6000kmかなたの宇宙へと伸びる宇宙エレベーターは、理論的には実現可能と言われています。大林組は建設の視点から、宇宙エレベーターの持つ未来への可能性を探求していまず」

温室効果ガスの40%を排出している米中両国は、日本の協力を得るのに躍起だ

世界の温室効果ガスの40%を排出している2大排出国である米中両国は躍起になっている。

中国八大古都の1つ杭州市(国家歴史文化名城に指定、13世紀は世界最大の都市)で開催された20か国・地域(G20)首脳会議(2016年9月4日〜5日)前の3日、米中両政府は、2015年11月30日から12月13日(現地時間12月12日)まで、フランス・パリで開かれた第21回国連気候変動枠組み条約締約国会議(COP21)で採択された温暖化対策

「パリ協定」を批准した。この結果、２０１６年内の協定発効に向けて大きく前進した。

中国は、日本の協力をノドから手が出るほど欲しかったのである。オバマ大統領は２０１７年1月20日に任期満了で退任するので、地球温暖化防止に貢献した大統領という栄誉に輝いて辞めたかった。そして、習近平国家主席も「発展途上国」であることをいつまでも、温室効果ガス排出の言い訳にしていると、中国人民への健康被害を拡大する危険があると危機感を抱いていた。

天皇陛下は、地球温暖化の悪影響が、日本のみならず、世界各国で多大の被害を及ぼしていることに深く心痛を抱かれている。日本に限って言えば、全国各地で起きている集中豪雨による水害、土砂災害、河川決壊によって多数の地域住民が、犠牲になっている。２０１６年の夏は、従来、台風が直撃しなかった北海道に台風が何度も直撃して、水害被害者を生んだ。

台風10号の豪雨被害に遭った北海道の大樹町と新得町では男性2人の遺体が見つかり、また、岩手県岩泉町の高齢者グループホーム「楽ん楽ん」の9人など、同台風の犠牲者は22人となった。

十勝エリアでは8月1か月の雨量が平年の2倍弱に達していた。台風10号による北海道での農作物の被害は十勝地方を中心に、６３００ヘクタールを上回った。

水害は、欧米諸国や中国などでも起きている。

北極圏では、北極の氷が温暖化によって少しずつ薄く小さくなっていて、白熊などの野生動物たちの生息域も狭くなってきている。南太平洋のエリス諸島に位置する島国、英連邦加盟国の1つツバル（首都：フナフティ）では人が住んでいる土地の多くが海に沈み始めている。温室効果ガスの2大排出国である米中両国は、これらの現象にいまや無責任ではいられない。

2020年以降の地球温暖化対策の新たな国際的枠組み「パリ協定」は2016年11月4日に発効した。だが、安倍晋三首相は、うっかりミスで批准を遅らせてしまった。この結果、モロッコ・マラケシュで11月15日から開かれたパリ協定の第1回締約国会議（CMA1）では、日本は発言力を持たないオブザーバーとして参加するしかなかった。

「水素社会」実現を目指し、水素ロータリーエンジン車を普及させよ

朝日新聞が2010年10月17日付朝刊で、「マツダ　提携戦略見直し」「フォードが株式売　円高・エコ　競争厳しく」などと、米国自動車大手フォード・モーターが保有するマツダ株の大部分を売却することになったニュースを報じた。ほかの新聞各社も同じだった。

どの新聞も、「マツダに市場で人気のハイブリッド車（HV）を単独で開発する余力はなく、トヨタの技術協力を仰ぐ。電気自動車（EV）もまだ予定がなく、ここでも、他社との儀出提携が必要になる可能性がある」と述べている。

しかし、肝心要の「水素社会」について、どの新聞、テレビも触れようとしていないのである。それが不思議でならない。

北欧の世界第3位の産油国であるノルウェーは、すでに埋蔵されている石油・天然ガスの枯渇を見越して、ガソリンと水素のいずれも利用可能なマツダのロータリーエンジン車の採用を決め、国王を先頭に「水素社会の構築」に乗り出し、国内20万基の水素スタンド設置を目指して全力を挙げている。

マツダは2010年5月19日、「このたび、国際水素エネルギー協会より、IAHEサー・ウィリアム・グローブ賞を受賞しました」と報じていた。

この協会は水素エネルギーについての学術および技術振興活動を行っている国際組織である。2年に1度、水素エネルギー分野では世界最大の国際会議である「世界水素エネルギー会議」を開催し、そのなかで、顕著な業績をあげた研究者、組織に対し、5部門の賞を贈与している。

この受賞は、世界初の水素ロータリーエンジン車の実用化や、ノルウェーの国家プロジエクト「ハイノール（HyNor）」への参画など、マツダの水素エネルギーに対する積極的な取り組みが評価されたもので、マツダが同賞を受賞するのは今回が初めてあった。受賞式は「第18回　世界水素エネルギー会議２０１０」の関連式典として、5月18日にドイツのエッセン市内で行われた。

以下、「マツダの水素自動車開発の歩み」を紹介しておこう。

１９９１年　水素ロータリーエンジン第1号車『ＨＲ－Ｘ』を開発
１９９２年　燃料電池搭載ゴルフカートの実験走行
１９９３年　水素ロータリーエンジン『ＨＲ－Ｘ２』を開発、水素ロータリーエンジン搭載のロードスター実験車を開発
１９９５年　水素ロータリーエンジン搭載のカペラカーゴで、日本初の公道試験走行を実施
１９９７年　燃料電池車『デミオ　ＦＣ－ＥＶ』を開発
２００１年　燃料電池車『プレマシー　ＦＣ－ＥＶ』を開発、日本初の公道試験走行を実施
２００３年　ＲＸ－８水素ロータリーエンジン開発車を発表

２００４年『ＲＸ－８　ハイドロジェンＲＥ』が大臣認定を取得し、公道走行を開始
２００６年『ＲＸ－８　ハイドロジェンＲＥ』の国内リース販売開始（以後現在まで計８台を納車）
２００７年　ノルウェーの国家プロジェクト『HyNor』と『ＲＸ－８ハイドロジェンＲＥ』の納入に合意
２００８年　ノルウェーにて『ＲＸ－８　ハイドロジェンＲＥ』モニター車の公道走行を開始
２００９年『プレマシー　ハイドロジェンＲＥハイブリッド』リース販売開始

ちなみに、日本に水素社会をつくろうと動いていた政治家は、自民党の中川秀直元幹事長だった。中川秀直元幹事長は「上げ潮路線」を掲げて、日本経済を成長させようと、麻生太郎政権に真っ向から異議を申し立て、独自勢力の拡大を図っていた。この「上げ潮路線」の目玉政策の１つが「水素社会の構築」を据えて、「脱ガソリン」を促すことだった。

マツダの技術陣は、「ロータリーエンジン」をブラックボックスとして、フォードには一切教えず、死守したという。そしてその技術を最も高く評価しているのが、ノルウェーである。ノーベル平和賞を授与するノーベル財団ゆかりの国である。

自動車産業のトップであるトヨタが、環境対応の最先端技術を保有するマツダと提携して、「世界初の水素ロータリーエンジン車」を普及させていくことができるならば、日本から大革命を起こすことができるはずである。

夢のような「全天候ドーム型ハイテクエコタウン」計画が、人類をエネルギーと食糧危機から救済する

「地球環境の汚染」は、仏法（薬師経の七難）のいわゆる「三災七難」の「大の三災＝火災・風災・水災」と「非時風雨難（季節はずれの暴風や強雨）・過時不雨難（雨期に雨が降らない天候不順）」を招く。つまり、山火事、山崩れ、豪雨・風水害、頻発する台風の襲来により、必ず多くの死傷者、被災者が出てしまうということだ。天候異変は、農家が丹精込めて育てた農産物を台無しにしてしまう。これを防ぐには、天候に左右されない設備を人工的に整えるしかない。

「壮大なるプロジェクト」と言うべき「全天候ドーム型ハイテクエコタウン」――まるで夢のような建物が、この地球上に出現しようとしている。国際科学技術研究所（東京都港区新橋）という機関が推進している「国家レベルの超大型プロジェクト」である。空気、

水、電力、食糧をドーム内で自給自足できる施設を建設（隣に大型食糧生産ドームを配置＝廃棄物処理センターを併設）し、エネルギーと食糧危機に対応できる画期的なエコタウンとなる。

このプロジェクトには、日本のハイテク技術と米国NASA（航空宇宙局）の技術などが応用されているという。同研究所は、世界各国に提案して、夢の実現に向けて活発に活動し、ドバイや中国北京市などで検討が進められているという。

国際科学技術研究所が作成している内部資料には、「おはなし」として以下のような口上が述べられている。

「CO_2や有害な化学物質（エアロゾル・硫黄酸化物・窒素酸化物）の大気への放出や有害な化学物質を大量に含んだ工場排水のために山河までもが重大な汚染に晒され地球の住環境は年々悪化しており、やがて人類は地上で健全な生活を送ることが出来なくなるのではないかと国連等で論じられて早くも20年近くが過ぎ去ってしまいましたが、いまだに改善されることなくCO_2や有害な化学物質が大気へ放出され大気を汚染し、有害な化学物質を大量に含んだ工場排水は山河を汚染しています。

地区によりましては、光化学スモッグ、光化学オキシダント、酸性雨、黄砂により人体に深刻な影響を受け治療している人々も、年々増加の傾向にあり社会問題化していますことは、皆さん充分に御承知のことかと思います。

そこで私たちは、如何なる劣悪な環境の下でも人類が安心して、健康で、快適に暮らせる住環境を建設するために、現在、日本で完成しています最新のハイテク技術を結集して近未来の集合住宅を完成することが出来ました。

それが、直径300mであり、地上100m、地下40mの世界最高峰の技術を結集した全天候ドーム型ハイテクエコタウンです。尚且つドーム内の空気、水、電力、食糧を自給自足できます施設を地下に設置していますし、隣接には大型の食糧生産ドームも建設され廃棄物処理センターも併設されます。

居室は1048室あり、1間が2mと、暮らしやすい大型の洋式4LDKとなっており居室部分は、155㎡（46・88坪）バルコニー部分は25㎡（7・56坪）もあります。またドーム内、建物内、室内、地下シェルターと住民と外気との遮断を四重にして有害物質に3500人の居住者が汚染されることのないように配慮されています。

特に地下シェルターは、あらゆる衝撃に対応できる設計に成っていますし、3500人の居住者が地下シェルター内で3ケ月間生存できます空気、水・電力・食糧を自給自足出来るようにも成っています。

ドーム内の建物などの構築物は、繊維を焼成して炭化させたもので炭素の正六角形が網目状となったグラファイト（黒鉛）構造を有することが特徴であり、鉄よりも強く、アルミよりも軽いと称されるように非常に軽量で、強度と弾性が高く、導電性、耐熱性、低熱膨張率、耐薬品性等に優れていますす従来の炭素繊維ハニカムの性能を遥かに凌ぐ、新炭素繊維ハニカムで構築致しますので、強靭であることは勿論のこと半永久的な建物に成っています。

そして、往環境をエコ対応にし、ドーム内で人々が過ごす居住生活に必要な空気、水、電力、食糧は自給自足であり、これ等は、全て、リサイクルされ、安全・安心をテーマにし、人類が長期間に渡り安心して、健康的に暮らせる超ハイテクエコタウンと成っています。全天候ドーム型ハイテクエコタウンは、世界のあらゆる地域で建設することが可能ですし、如何なる地域でも性能が変化することはありません」

このなかでは、30階建ての高層ビルの「ビル型農場」で栽培、収穫量の最大化を図る天候に左右されない農業についてのプロジェクトが紹介されている。一口で言えば、「農業と工業」を結びつけた「アグリ・インダストリー」である。「高層ビルで栽培」については、以下のように説明している。

「30階建てのビル型農場は、各階で異なる栽培技術をうまく使う。各フロアから出た植物廃棄物の燃焼エネルギーと太陽電池を使って、必要な電力を作り出す。浄化した都市排水を捨てずに灌潮に利用する。太陽光や人工照明で光を供給する。入手した種子は品質管理室で検査し、苗床室で発芽させる。食料品店やレストランで新鮮な野菜を市民に直接販売できるだろう」

【設備・技術明細】

1　空気

（空気の浄化＝空調機組み入れ型光触媒空気浄化ユニット）

（空気清浄・除菌＝自動環境除菌システム・イオン空気清浄機）

（有害物質除去装置＝セントバート21）

2　水

（地下水浄化＝水道水・工業排水の水質浄化・脱臭処理）

（水の製水）

（水の再生浄化＝世界ＯＮＬＹ ＯＮＥセラミック）

（水の殺菌消毒＝銅イオン水生成装置）

（水の循環装置＝逆浸透膜システム浄水器）

ビル型農場の多くのフロアではベルトコンベヤーが自動的に植物を運ぶ。苗は端から移動しながら成長し、ちょうど収穫時になった頃、もう片方の端の収穫装置のところに着く仕組みだ。植物の各成長段階に合わせて水量や照明を調整する。植物の不要な部位は専用シュートを通して地下の発電用焼却炉に落とされる。

また、土を使わない「フィルム農法」も、農業と工業化学を結びつけた「アグリ・インダストリー」である。メビオール株式会社（森有一社長、本社・神奈川県平塚市中原1－25－8）は、食の安全性や水不足、土壌汚染の問題を解決するフィルム農法を実現させた。森有一社長は、東レの出身者である。

メビオール株式会社は事業内容を、次のように説明している。

「医療用に開発してきた膜およびハイドロゲル技術を農業に展開し、安全、高栄養価の農産物を生産する持続的農業技術（アイメック®）を世界に先駆けて開発しました。アイメック®は2009年に日本国内で初めてトマト生産に導入されました。アイメック®で育ったトマトは食味、香りも良く、糖度や栄養価が非常に高いため、高評価を得ております。普及面積も14ha超となり、現在も拡大しています。海外では、温暖化による水不足、土壌劣化などに伴う食糧不足の解決策として期待され、中東、中国、アフリカ、欧州などへの展開が始まりました」

「アイメック®（フィルム農法）は、食の安全性、水不足や土壌汚染等の深刻な問題に対処するために開発された世界初の技術です。アイメック®ではハイドロゲルでできた薄いフィルムの上で植物が育ちます。フィルムには無数のナノサイズの穴が開いており、水と養分だけを通します。バクテリアや細菌、ウィルスによる汚染を防ぐことができるため、安全な作物をつくることができます。植物はハイドロゲル中の吸い難い水を吸おうとして、沢山の糖分、アミノ酸などを作り出します。その結果、高糖度と高栄養価が達成されます」

また、東大生産技術研究所では、「社会課題解決のためのブレインモルフィックＡＩ社会連携研究部門」で、「夢の半導体」と呼ばれる最先端ＡＩ（人工知能）の開発に取り組んでいる。

この研究で目指しているのは、以下の通りである。

「安全・安心な都市・行政基盤、安全・高効率なライフラインなどの諸社会課題の解決に向けて、ＡＩ情報処理を圧倒的に高性能かつ低消費電力で実現できるアルゴリズムからデバイスまでのコンピューティングのあり方を生み出す。そのために、知的・自律的情報処理を高速に低エネルギーで実行できる脳・神経系を模倣した情報処理システムの基盤技術を構築する」

このために、ＮＥＣと東大生産技術研究所は、手を結んだ。マイナビニュースは２０１６年９月５日、「ＮＥＣと東大、脳の構造をモデル化した次世代ＡＩ向け脳型ＬＳＩの開発に着手」という見出しをつけて、以下のように印象づけた。

「ＮＥＣと東京大学は９月２日、都内で記者会見を開き、日本の競争力強化に向け戦略的パートナーシップに基づく総合的な産学協創を本格的に開始すると発表した。産学協創の第１弾の活動として社会への影響力が大きい分野であるＡＩ（人工知能）分野に焦点を定め『ＮＥＣ・東京大学フューチャーＡＩ研究・教育戦略パートナーシップ協定』を締結し、具体的な活動を開始する。同協定が目指すビジョンは新しいＡＩ処理プラットフォームの実現でＡＩを活用したソリューションの社会浸透を図り、小型・低消費電力・低コストを実現し、新プラットフォームを今後の競争力の源泉とするとともに、社会受容性を検討していく」

このブレインモルフィックAIは、人間顔負けの極めて優れた知能と機能を発揮して、気候、天候に左右されない「アグリ・インダストリー」を確立するに違いない。この意味で、「アグリ・インダストリー」分野に「新機軸」を築く可能性は、大である。

第5章

「世界の警察官」から落ちぶれた米国がさらなる戦争を引き起こす!?

〔吉備太秦のメッセージ⑤〕

米大統領予備選挙で民主党のバーニー・サンダース上院議員が25年前、すなわち、米国下院議員（1991年1月3日～2007年1月3日、バーモント州大選挙区選出）時代の1991年1月18日、下院議院で行った演説が話題を呼んでいる。下院議院本会議場で演説に耳を傾けているのは、たった1人。ほかの議員は、ボイコットして議場にはいなかった。にもかかわらず、サンダース下院議員は、熱弁を奮って感動的な「反戦演説」をしていた。この「反戦演説」は、今日の米国社会の苦悩を見事に予言していた。日本では、斎藤隆夫衆院議員（兵庫県第5区選出、当選3回）が戦前、帝国議会で気骨ある「粛軍演説」「反軍演説」を行って軍部やファシズムに抵抗した例がある。

イラクは1990年8月2日にクウェート侵攻、これをきっかけに、国連が多国籍軍（連合軍）の派遣を決定、1991年1月17日にイラクを空爆して「湾岸戦争」が始まった。米国のジョージ・H・W・ブッシュ大統領（パパ・ブッシュ）は、米軍部隊をサウジアラビアへ展開し、同地域への自国軍派遣を他国へも呼びかけ、諸国政府はこれに応じ、いわゆる多国籍軍が構成された。サンダース下院議員が「空席国会の演説」を行ったのは、湾岸戦争開戦の翌日だった。

第2次世界大戦のとき、連合国遠征軍最高司令部最高司令官を務めた英雄ドワイト・デイビッド・アイゼンハワー（1890年10月14日～1969年3月28日）大統領（陸軍参謀総長、NATO軍最高司令官などを歴任）は大戦終結後15年5か月経た1961年1月17日、離任（退任）演説の中で、「軍産複合体の危険性」を指摘した。

その30年後、サンダース下院議員は、朝鮮戦争、ベトナム戦争、イラン・イラク戦争、湾岸戦争とほぼ10年サイクルで大戦争を起こしてきた「軍産複合体」が引き起こす「悲劇」について、痛烈に批判した。

それから25年を経て、サンダース上院議員は、米大統領予備選の中で、「300兆円戦争」と呼ばれるアフガニスタン空爆・イラク戦争によって、米国内でますます「貧富の格差」が拡大している現状を訴え、大統領に就任して「健全な社会」を取り戻す政策を実行に移すことを公約していた。トランプ氏、サンダース上院議員ともども、「軍産複合体の解体」「貧富の格差解消」を訴えていることで共通していた。

日本政府は、米ドナルド・トランプ新大統領により「日米同盟」「外交防衛政策」の根本的見直しを迫られる

米大統領選挙（2016年11月8日投票、9日開票）の結果、次期大統領は不動産王ドナルド・トランプ候補に決まった。

これは「次期米大統領は、不動産王ドナルド・トランプ氏」――第50回　板垣英憲「情報局」勉強会（2016年2月7日、小石川後楽園『涵徳亭』、演題：米大統領選挙戦スタート、日本政治はどうなるか～プーチン大統領、習近平国家主席を凌ぐ政治家の品定め）で、予測していた通りの結果となった。まずは、7月の米共和党大会で、正式に大統領選挙候補に指名されることが確実になった。米民主党は、ヒラリー・クリントン前国務長官とバーニー・サンダース上院議員が、しのぎを削っていた。そして11月8日の大統領選挙は、「大戦争反対のドナルド・トランプ氏」VS「大戦争を辞さないヒラリー・クリントン前国務長官」の激突構図になった。そしてついには、ロシアのプーチン大統領が後ろ盾のドナルド・トランプ大統領が誕生し、日本政府は、「日米同盟」「外交防衛政策」の根本的見直しを迫られることになった。

日米両国の支配層（エスタブリッシュメント）は、これまで米大統領選挙で「ドナルド・トランプ大統領はあり得ない」とタカを括っていた。彼らは冷静な情勢判断に基づくものではなく、あくまでも「希望・願望」を力説していた。しかし、それは、支配層が寄って立っている存立基盤と利権構造が脅かされるという恐怖感の表明であった。

世界の人口の1％の富裕層が持つ資産の総額は2017年までに、残る99％の人口の資産を合わせた額と同程度になるという推計があり、米国では2011年秋、ニューヨーク・マンハッタン島ウォール街で「99％運動」と呼ばれる反格差デモが発生し、全米に広がって以来、格差は深刻化し続けている厳然たる現実がある。いざ大戦争となれば、貧困層の若者たちが駆り出されて、戦死傷者になるという「米国の病巣の拡大」が、ドナルド・トランプ氏支持者を増やした。支配層は、この事実に目をつぶって、既得権益者に都合のよい情勢判断をしていた。日本の支配層も、米国内で実際に拡大している病巣を見逃してきたのである。

ドナルド・トランプ氏は、ヒラリー・クリントン前国務長官が「軍産複合体」の利権構造の上に立って、「第3次世界大戦勃発」に傾斜していることを見抜いており、「ヒラリー・クリントン前国務長官が大統領になれば、必ず第3次世界大戦を勃発させる」と警戒していた。プーチン大統領が2016年2月3日、ヘンリー・アルフレッド・キッシンジャー博士（ニクソン政権国務長官）と会談した際、「第3次世界大戦を起こそうとしている集団がある。なんとしてもこれを阻止しなければならない」と進言され、この進言に従って、ドナルド・トランプ氏に選挙資金を提供し始めたという情報もあった。

ドナルド・トランプ氏は「米国経済の立て直し」によって格差解消を図ろうとして、あえて過激発言を続けてきた。

「退役軍人よりも不法移民の方が優遇されている。そんなことは二度と起こさせない」

「メキシコとの国境に万里の長城を築く」

「中国、日本、メキシコから米国に雇用を取り戻す」

「日本は大型船で何百万台もの車をここに送ってきている」

「もし日本が攻撃されたら米国は直ちに駆けつけなければならない。しかし、米が攻撃を受けても日本は助ける必要がない」

「米国は、ロシアのプーチン大統領やイラン（の指導者）に尊敬されるような大統領を必要としている」

「北朝鮮は、中国に任せればよい」

「米国に守られている国は防衛費用を支払うべきで、支払わないなら米国は彼らに自分たちで防衛することを覚悟させるしかない」

「FRBのイエレン議長は、有益な仕事をしていると思う。しかし、再任について語りたくはないが、ほかの人材の登用に傾いている」

ドナルド・トランプ氏は、早くも2015年8月頃から、安倍晋三首相などをやり玉に挙げていた。

産経ニュースは2015年8月27日、「【米大統領選】『ケネディ大使は安倍首相から接待漬け』〝トランプ節〟またも炸裂　今度は日本などアジア諸国をやり玉」という見出しをつけて、以下のように配信した。

「21日にはアラバマ州で『安倍（晋三首相）は頭が切れる。キャロライン・ケネディ（駐日米国大使）は安倍氏に飲まされ食わされ、日本が望むことを何でもするようになった』と、こき下ろした。米CNNテレビとのインタビューでは、大統領となった暁には、貿易交渉に米著名投資家のカール・アイカーン氏らを当たらせ、日本や中国に強硬姿勢で臨むとも表明した」

ヒラリー・クリントン前国務長官と同様にキャロライン・ケネディ駐日大使が、私用のメールアドレスを公務に使用して安倍晋三首相とやりとりしていた疑惑について、ドナルド・トランプ氏がどの程度知っているかは、不明だが、安倍晋三首相も、疑惑の当事者になっていたことは間違いないだろう。

米国「軍産複合体」は、生き延びるために「第2次朝鮮戦争」を勃発させようとワザと北朝鮮を挑発している

「第2の日本」北朝鮮（金正恩党委員長＝元帥）が、弾道ミサイル連続発射、地下核実験を繰り返し、これに対抗して米空軍が２０１６年９月13日、グアムの空軍基地から戦略爆撃機Ｂ１を２機韓国に派遣するなど、朝鮮半島で一触即発の軍事衝突から第２次朝鮮戦争が勃発する危機が高まっている。米国「軍産複合体」は、生き延びるために「第２次朝鮮戦争」を勃発させようとワザと北朝鮮を挑発しており、その最中、アントニオ猪木参議院議員が２０１６年９月８日から13日までの日程で北朝鮮を訪れた。そして、北朝鮮が５回目の核実験を行った翌日の10日には、金正恩党委員長の側近の１人、党で国際関係を統括している李《リ》洙墉《スヨン》副委員長・国務委員会委員と会談した。これに対して、菅義偉官房長官は13日午後の記者会見で、「政府がすべての国民に北朝鮮への渡航の自粛を要請する中での訪問であり、極めて不適切だ」と厳しく批判した。しかし、天皇陛下を頂点とする世界支

配層「ゴールドマン・ファミリーズ・グループ」は、大日本帝国陸軍中野学校の畑中理ら残置諜者が大東亜戦争後、金日成を担ぎ上げて「金王朝」を再興し、「第2の日本」として建国した北朝鮮を「ゴールドマン・ファミリーズ・グループ」の一員として扱っていて、天皇家と姻戚関係にある「金王朝＝北朝鮮」への巨額資金分配（シェア）を決めているという。

アントニオ猪木参議院議員は、北朝鮮が行った先の5回目の核実験について、「李洙墉副委員長から、日本に向けてではなく、アメリカを標的にしたものだという発言があった」などと説明した。また、金永南《キムヨンナム》最高人民会議常任委員長ともレセプションの席で、言葉を交わしたという。政府が北朝鮮への渡航の自粛を要請するなかで訪朝したことに批判が出ていることについては、「国会にいる以上、人ができないことをやりたい。私は、日本を代表してというより、スポーツ交流で人の流れを閉ざさないためにやっている。批判はあたらない」と反論している。要するに、対米追従外交により、独自の日朝外交を展開できない安倍晋三首相の不甲斐なさを嘆いているのだ。

米国は、ブッシュ大統領が、「軍産複合体維持」を最大の目的として「アフガニスタン空爆・イラク戦争」を引き起こし、大敗北した結果、財政赤字と米国債デフォルトというピンチに陥っているにもかかわらず、第2次世界大戦後、10年サイクルで起こしてきた大戦争をまたしても起こさなければ、「軍産複合体維持」を維持できない状況にある。オバマ大統領は、ノーベル平和賞受賞者でありながら、「大戦争中毒」を解消できずにいた。このため、相変わらず、新たな大戦争＝核戦争を勃発させようとする勢力に攻め立てられており、自己撞着に陥っている。

つまり、北朝鮮は、ひたすら米朝国交樹立・平和友好条約締結交渉を求めているのに、米国「軍産複合体」は、朝鮮半島の軍事危機が消滅すると、「大戦争で生き延びる」ことができなくなるので、なんとしても、「第2次朝鮮戦争」を引き起こしたいと思っているのだ。

また、北朝鮮のほうは、イラクのフセイン大統領がイランの宗教革命を潰しにかかった米国に利用されて、イラン攻撃に貢献したにもかかわらず、ブッシュ大統領にイラク戦争を起こされた挙句の果てに殺害されたこと、リビアのカダフィー大佐が、米国の圧力を受けて核開発を放棄した後に、やはり殺害されたことから、金正恩党委員長が、核開発を放棄すれば、米軍によって殺害されると信じて疑わない。つまり、はなからオバマ大統領を信用していないのである。このため、米国の巧妙な国際宣伝によって、金正恩党委員長は、「極悪人」のレッテルを貼られている。

米国「軍産複合体」は、朝鮮半島のほか、核保有国である「中国－インド」と「インド

―パキスタン」、「イスラエル―イラン」で「核戦争」を勃発させたいと思っている。しかし、天皇陛下を頂点とする世界支配層は、「そんなことをすれば、地球は滅びてしまう」と憂慮している。

安倍晋三首相は、第3次再改造内閣で核武装・徴兵制賛成論者の稲田朋美防衛相を据えて、真の独立国として自主憲法制定「国防軍創設」を実現しようと意欲を燃やしている。しかし、日米安全保障条約下、米軍基地を認めているなかで、米政府の干渉を一切排除して、本当の意味での自主憲法制定「国防軍創設」を実現できるのか疑問符が拭えない。しかも、安倍晋三政権は、「現憲法は、核兵器の保有を否定していない」との見解を採っているので、自主憲法制定により、日本を堂々と核保有国にする可能性がある。安倍晋三首相は、ノーベル平和賞受賞者であるオバマ大統領が検討している「核兵器の先制不使用政策」に反対して、人類史上初の被爆国として目指すべき「核廃絶への道」を故意に閉ざそうとして、物議を醸した。

結局、オバマ大統領は、政権内から「同盟国を動揺させる」「ロシアや中国を勢いづかせる恐れがある」といった反対の声が相次いだため、「核兵器の先制不使用宣言」を断念したという。

核兵器の全廃と根絶を目的として起草された国際条約案である「核兵器の全面廃止と根

絶を目的とする核兵器禁止条約（Nuclear Weapons Convention、略称：ＮＷＣ）」は２０07年4月、コスタリカ・マレーシア両政府の共同提案として正式に国連に提出された。「核兵器の開発、実験、製造、備蓄、移譲、使用及び威嚇としての使用の禁止ならびにその廃絶に関する条約案」ともいう。だが、これは未発効のままであり、米国、日本は、積極的ではない。ということは、「第3次世界大戦＝核戦争」は、十分起こり得るということでもある。

「9・11」から丸15年、「ブッシュの陰謀」はバレバレ、「世界の警察官」から「落ちぶれた米国」へと衰退

「9・11」から丸15年、『ブッシュの陰謀〜対テロ戦争・知られざるシナリオ』（板垣英憲著、ＫＫベストセラーズ、２００2年2月5日刊）を世に問うてから、２０１7年1月現在、早や14年11か月になる。米国で同日多発テロ事件が起きたとき、不自然な点が多々あり、「これは、ジョージ・Ｗ・ブッシュ大統領の陰謀ではないか」と疑問を抱き、調査を始めて、『ブッシュの陰謀』と題する書籍にまとめた。その後、徐々に謎が解け、いまや「ブッシュの陰謀」はバレバレとなり、ブッシュ大統領が「アフガニスタン空爆・イラク

戦争」を始めた本当の理由まで判明してきた。同時多発テロの主犯とされてきたオサマ・ビン・ラディン殺害の真相は、いまだに謎に包まれており、生存説まである。

また、オバマ大統領は2011年11月、オーストラリアを訪問時、「リバランス政策」（再均衡の意で、米国がこれまでの世界戦略を見直して、その重心をアジア・太平洋地域に移そうとする軍事・外交上の政策）を発表せざるを得なくなった。以後、「世界の警察官」から「落ちぶれた米国」へとアメリカの衰退が顕著になっている。

仮に「アフガニスタン空爆・イラク戦争」が正しかったとしても、古代中国の武将・孫武の名著『孫子』は、「兵は拙速を聞く」（「作戦篇第2」戦争は、拙速を尊ぶが、巧妙な持久戦などというものがあったためしはない。戦争が長引けば国家にとって有利になることはあり得ない）、「国を去り境を越えて師する者は、絶地なり」（「九地編第11」自国を離れ越境して出兵することは、絶地という）という。ジョージ・W・ブッシュ大統領は、この教えに背いて、大敗北を喫した。米軍は、ベトナムのジャングルの奥地に踏み込んで負けた痛手を忘れて、アフガニスタンの険しい高山、イラクの広大な砂漠に地上軍を派遣して、長期戦を繰り広げて、「300兆円戦争」と言われるほどの戦費と兵力を消耗して敗けた。パパ・ブッシュ大統領が湾岸戦争で地上軍を派遣せず、主にペルシャ湾の空母から巡航ミサイルを発射させて、短期戦で勝利したのとは対照的である。

ちなみに、ヒラリー・クリントン前国務長官は、ジョージ・W・ブッシュ前大統領が始めた「アフガニスタン空爆・イラク戦争」の遠因をつくった張本人である。「9・11」の大陰謀は、ブッシュ大統領とチェイニー副大統領によって企てられ、実行された。ズバリ「ブッシュの陰謀」であった。

アフガニスタンの過激な武装勢力「タリバン」は1996年9月に首都カブールを制圧し、国土の3分の2を実効支配するまでに勢力を拡大して、政権を樹立していた。この政権にサウジアラビア出身のイスラム過激派テロリストであり、アルカイダ司令官（アミール）のオサマ・ビン・ラディン（1957年3月10日〜2011年5月2日）が結びつき、数々のテロ事件の首謀者とされた状況下で、クリントン政権のオルブライト国務長官が1997年秋、「タリバン政権を承認しない」と宣言し、絶縁状を叩きつけた。表向きの大義名分は「イスラム原理主義を政治の基本とするタリバン政権が、女性に『ブルカ』というベールで顔を隠させ、女性には子どものときから一切教育を受けさせない政策を実行しているから」というものであった。つまり米国の価値観を一方的に押しつけたのだ。そのうえ、ブッシュ大統領はオサマ・ビン・ラディンが2001年9月11日の「米で同時多発テロ事件」を起こした首謀者であると決めつけ、10月7日からアフガニスタン空爆を開始した。

以下、年表によって、振り返ってみよう。
◇1993年1月、米国ビル・クリントン政権誕生。
◇1994年11月、パキスタン難民の子弟が学ぶ「イスラム神学校」(イスラムの学者・指導者養成機関)出身の神学生(タリバン)は、カンダハルを制圧し、さらに北へ進撃。クリントン政権は、タリバンの「育ての親」となる。
◇1996年9月、タリバン、首都カブールを落とし、アフガニスタン全土の3分の2を実効支配し、「タリバン政権」を樹立。この頃、オサマ・ビン・ラディンと合流する。
米国内で、「人権擁護」を提唱する女性団体が「石油のために女性や子供を犠牲するな」と書いたプラカードを掲げ、タリバンを支持するクリントン政権に抗議、妻ヒラリー夫人までクリントン政権を批判。「人権理想主義外交」を行っていたオルブライト国務長官は、ヒラリー夫人に「タリバン政権不支持」を大統領に訴えるよう口添えを頼む。
◇1997年秋、オルブライト国務長官が「タリバン政権を支持しない」と宣言、絶縁状を叩きつける。(これによって誕生したばかりの「タリバン政権」を夭折させてしまう。民族自決を無視し、キリスト教的文化や価値観を押しつけ、イスラム教文化や慣習を否定→以後、アフガニスタンが再び、戦乱に陥る)。

◇1998年8月7日、ケニア・タンザニア米大使館同時爆破テロ事件起きる。クリントン大統領が20日、スーダンとアフガニスタンに空爆報復。ユノカル社は21日、パイプライン・プロジェクトを中断。国連と米国は、アフガニスタンで正統の安定政権樹立まで、プロジェクトへの投資を控える決定。

◇1998年12月、ユノカル社、正式撤退。

◇1999年11月、タリバン政府は、国連から制裁措置。

◇2001年1月、ブッシュ政権誕生。「9・11」米国で同時多発テロ。10月7日、米国、アフガニスタン空爆開始。

◇2003年3月19日、米英軍、イラク攻撃開始。

◇米CIAとイスラエル「モサド」は、イスラム教スンニ派過激武装集団「イスラム国＝ISIL」を組織化。「スンニ派」VS「シーア派」を対立・抗争させて、共倒れを図ろうとしたが、武器・弾薬、軍資金を手にした「イスラム国＝ISIL」は、米国に歯向かうようになる。

米国オバマ大統領は2015年1月30日、アフガニスタンのイスラム主義組織「タリバン」との関係を変更した。オバマ大統領は2014年12月までにアフガニスタン駐留米軍を完全撤退させる努力をしてきたが、アフガニスタン軍の訓練要員を残したり、国際治安支援部隊の一時的な兵員不足を補ったりする必要から実際には完全撤退できていない。しかし、アフガニスタン空爆（２００１年10月7日開始）から約14年間戦っているが、勝てる見込みはなく、米国内で厭戦ムードが広がっていることから「タリバンとの関係変更」を決定したという。一体、どう変更したというのであろうか。

オバマ大統領は、「タリバンをテロリストのリストから外す決定をした」という。要するに、イラク駐留米軍完全撤退（２０１２年）によりイラク戦争に事実上、敗北したのに続いて、アフガニスタン戦争に事実上、完敗したことを認めたのである。米共和党は、この決定に反対していたが、米国内の「厭戦ムード」には逆らえなかった。

アフガニスタンは、アシュラフ・ガニー・アフマドザイ大統領が２０１４年９月29日に就任、任期５年なので、２０１９年４月に行われる予定の次期大統領選挙で「タリバン勢力」側から立候補者が出て当選すれば、再びタリバン政権が誕生する可能性もある。

ちなみに、タリバンの代表者は２０１５年１月30日、中国北京政府の招待で北京市入りしたという。北京政府は２０１４年10月31日に北京市内で開催されたアフガニスタン問題を討議するイスタンブール・プロセスの第４回外相会合の際、関連する会合にタリバンとパキスタンの代表を招くことを提唱していた。北京政府とパキスタンは、かねてより親交を深めており、米国ニクソン政権のキッシンジャー国家安全保障担当補佐官が1971年、「米中国交正常化・国交樹立」の下準備の交渉のため中国に向かった際にも、極秘にパキスタン経由で北京市入りしたという。

北京政府が、タリバンを取り込むのは、アフガニスタンから国際治安支援部隊が撤退した後、タリバン勢力が新疆ウイグル独立運動の支援を強化するのを警戒しているからである。

オバマ大統領は、ヒラリー・クリントン候補と「第2次朝鮮戦争＝核戦争」から「米中戦争」まで密かに決意

「米中戦争が勃発する」――あり得ないと思っていることが、本当に起こりそうだった。オバマ大統領は、米大統領選挙の民主党ヒラリー・クリントン候補（前国務長官）との間で、恐ろしい計画実行を密かに決断していたという。米中外交の裏舞台で、オバマ大統領と習近平国家主席が、「借金返済」をめぐり、「早く返せ」「いや返せない」などと押し問答を続けていた丁々発止の交渉がこじれて、遂に膠着状態に陥ってしまったからだ。怒った習近平国家主席は、北朝鮮（金正恩党委員長＝元帥）に背後からけしかけて、長距離弾

道ミサイルを米国方向に連続発射、地下核実験を繰り返させている。これに対して、オバマ大統領は、「第2次朝鮮戦争＝核戦争」から「米中戦争勃発」まで覚悟して、北朝鮮に向けて「斬首作戦」訓練を開始、さらに２０１６年９月13日、グアムの空軍基地から戦略爆撃機Ｂ１を２機、韓国に派遣しているという。

オバマ大統領は２０１７年１月20日に退陣するが、後事をヒラリー・クリントン候補に託していた。後事とは、中国共産党１党独裁北京政府が米国に買わされている米国債４００兆円分の償還である。２０１４年11月、北京市で開催されたアジア太平洋経済協力（ＡＰＥＣ）首脳会議の際、オバマ大統領は北京の要人居住地、中南海で、中国の習近平国家主席と私的な夕食をはさんで会談した。そして翌日には主席公邸にて、関係閣僚を交えた２回目の米中首脳会談を約５時間にわたって行った。会談はもっぱら、「米国債４００兆円分（正確には、地方債）の償還」に終始したが、今日に至るまで完全解決に至っていないため、習近平国家主席は「強気の対米外交」を展開し、オバマ大統領は「米中戦争で決着」する決断に追い込まれているのである。

習近平国家主席は、オバマ大統領との首脳会談で終始一貫して、米国債の償還を要求した。だが、オバマ大統領は、米国には支払能力がないため、日本に肩代わりさせる案を示したものの、安倍晋三首相がふたつ返事で応じてくれる保証はなかった。そこで、習近平国家主席は、苦し紛れに、「中国版ドル紙幣発行」を提案して、オバマ大統領に認めさせたのだった。

汚職国家である中国では、多数の腐敗官僚（共産党幹部）や中国企業経営者が巨額の財産を蓄え、アフリカ諸国やイスラム諸国に援助していた。そしてその資金の70％を各国首脳が横取りして蓄財、パナマのタックスヘイブン（租税回避地）に「中国版ドル紙幣」で隠匿してきたと言われている。中国人民銀行は、ドル紙幣を印刷して発行してきた。ドル紙幣と言っても、米国ＦＲＢが発行しているドル紙幣ではない。オバマ大統領が、中国の習近平国家主席に認めた「中国版ドル紙幣（裏に李王朝末裔のサイン入り）」である。

しかし、「中国版ドル紙幣」は、オバマ大統領が２０１７年1月20日任期満了で退任するのを機に紙くずになってしまう。そうなると、パナマのタックスヘイブンに資産隠ししている富裕層や企業が、隠し資産を一斉に引き出す可能性が大だった。

このため、オバマ大統領は、キッシンジャー博士を「パナマ・リークス」のブレーンに据えて一計を案じた。すなわち、「中国版ドル紙幣」が紙くずになる前に、「パナマ文書の公開」で先手を打ち、世紀の奇策を演じたのだ。

国際調査報道ジャーナリスト連合（ＩＣＩＪ）は２０１６年5月10日、タックスヘイブンに設立された21万社以上の法人と、それに関連する約38万の企業や個人の名前、住所リストをホームページ上で公表した。公表された企業や個人は、違法ではないにしても、課税逃れや不正蓄財などの腐敗を疑われるので、タックスヘイブンから隠し資金を引き出しにくい。ましてや「中国版ドル紙幣」で隠した資産を「米国FRBが発行しているドル紙幣」として一斉に引き出すことはできず、そのまま泣き寝入りするしかないのである。オバマ大統領の狙いは、ここにあった。要は、米国債の償還の体のよい「踏み倒し」である。

習近平国家主席は2013年、アジアの途上国向けに、鉄道や道路、港湾、送電網などのインフラ整備に必要な資金を貸し出す中国主導の国際金融機関の創設を提唱し、アジアインフラ投資銀行（AIIB本部：北京市、金立群総裁＝元中国財政次官、資本金1000億ドル）を2015年末に設立した。参加国は、57か国で、途上国だけでなく、先進7カ国（G7）からも英国、ドイツ、フランス、イタリアの4か国が加わっていた。最大出資国は中国である。日米は参加を見送った。しかし、アジア、アフリカ諸国に投資するには、まだ資金が不足している。そこで、習近平国家主席は、有力な資金源を思いついた。

国際金融に詳しい専門家筋は、次のように解説している。

「1930年代、呉一族が、米国ニューヨーク市に『中国浙江省の銀行＝シティ（Citi銀行）』をつくり、ロックフェラー一族（呉一族のダミー）に任せた。そのとき、ある契約（アグリーメント）を結んでいた。内容は、『ロックフェラーは中国に対してドル紙幣を印刷、発行して渡す』というものだった。この契約内容を教えられていたオバマ大統領は、1京2000兆円を渡すと勝手に約束した。

そこへ日本がホストカントリーを務める大きな資金の一部が動いたのを知り、オバマ大統領は、天皇陛下を頂点とする世界支配層『ゴールドマン・ファミリーズ・グループ』の実務担当者に、中国に約束した1京2000兆円について相談してきた。しかし、呉一族もロックフェラーも、いまはゴールドマン・ファミリーズ・グループから抜けているし、支配層としては、何の承認も経ていないまったく論外の契約書に基づいて資金処理をすることはできない立場にあり、処理するつもりはなくできないと突き放した。習近平国家主席は、この契約書によって1京2000兆円くらいの資金が、米国から入ってくるとアテにして、AIIBをつくったのに、それが外れたのである。結果的に、オバマ大統領は、中国との約束を反故にすることとなり、米中間は、さらに関係が悪化し、もめることになった」

南サ諸島、スプラトリー諸島の占有権の問題などで、もめているのは、すべてこのことが原因だった。中国は2016年7月16日、巨額資金が動くことを察知し、鳩山由紀夫元首相に、AIIB顧問にあたる「国際諮問委員会」委員への就任を要請し、受諾されている。中国は、なんとか一日でも早く巨額資金が入らないかと考えている。実際、これまで続けてきたアフリカへの投資も止まっている。そこへ安倍晋三首相は、アフリカに80社もの企業を連れて行っている。

オバマ大統領は、中国への巨額借金返済を日本に肩代わりさせる「密約」を習近平国家主席と結んでいた？

米国オバマ大統領は、中国への巨額借金返済を日本に肩代わりさせる「密約」を習近平国家主席と結んでいたという。米連邦政府は、再び「デフォルト」に直面しており、借金返済のメドが立たないため、安倍晋三首相に無断で勝手に肩代わりさせる「密約」をしたというのだ。海上自衛隊の3年ぶりの「観艦式」（2015年10月18日）の後、米海軍原子力空母「ロナルド・レーガン」に現職首相として初めて乗艦・視察できたことを安倍晋三首相は、感激しているようだが、オバマ大統領は、「原子力空母を体感」させて、「しっかり肩代わりするように」と脅し、監視しているのだという。これは、日米中3国の財政に詳しい筋からの情報である。一体、どうやって肩代わり返済をさせようとしていたのか？

どうもオバマ大統領は、日本の財務省が管理している「特別会計」に目をつけて、この巨額資金の中から、「分割方式」で中国に肩代わり返済させようとしていたという。塩川正十郎元財務相（1921年10月13日〜2015年9月19日）が在任中の2003年の国会答弁の中で、「母屋でおかゆをすすりながら、離れではすき焼きを喰っている」（母屋とは大赤字の一般会計、離れとは放漫な特別会計のこと）と特別会計の財政規律の緩みを揶揄《やゆ》して指摘した、あの特別会計である。米CIA要員は、日本政府の財源から給料がもらえるというので、約4万人が日本にやってきていると言われており、「スパイ技術」を駆使して、財務官僚しかわからない特別会計の仕組みと資金量を調べ上げたのであろう。

バイデン副大統領は、米空軍のジェット戦闘機で2度、訪日して、安倍晋三首相に「早くカネを出せ」と脅したそうだ。真偽のほどは、定かではないが、米国は、相当困っているようだ。

安倍晋三首相は2016年9月29日午後（日本時間30日未明）、米ニューヨークで開かれていた国連総会で一般討論演説に臨み、中東・北アフリカから欧州に向けてシリア難民や移民が大量に流入している問題に対して、「約8・1億ドル（約960億円）の支援」を表明して、教育や医療といった「人間の安全保障」で国際貢献する約束をするとともに、安全保障理事会の常任理事国入りに強い意欲を示した。

だが、オバマ大統領は、中国の習近平国家主席、ロシアのプーチン大統領と首脳会談したのに、安倍晋三首相とは、首脳会談をしなかった。いかにも「お前は、カネさえつくればいいのだ」と言わんばかりの冷たい待遇であった。習近平国家主席との首脳会談がお互いに固い表情だったのは、裏で習近平国家主席がオバマ大統領に「早く借金を返せ」と強く迫り、オバマ大統領は苦し紛れに「日本に肩代わりさせる。分割で返済させる」と密約していたという事情があったからだろう。

米連邦政府が「デフォルト」に直面した際、FRB（連邦準備制度理事会）の当時副議長だったジャネット・ルイス・イエレン議長は、いわゆる「日本の松平の金塊」を担保とする「準通貨」をIMF（国際通貨基金）から「2000兆円分」発行させて、これを担保に「ドル」を発行して、連邦政府の「デフォルト」を回避させた。そして、同じ手法を2回使って合計「4000兆円」をつくって連邦政府を助けた。だが、その後IMFとFRBの不手際で3回目の手続きが、うまくいっていないらしい。

そこで、オバマ大統領は、「デフォルト」回避と中国への借金返済を兼ねて、巨額資金の捻出を日本の財務省の「特別会計」を使って、なんとかクリアしようとしているものと見られる。

安倍晋三首相は、消費税増税（5%→8%アップ）による税増収「7兆5000億円分」が2016年6月に使えるようになることを説明して、オバマ大統領に提供することを約束したと伝えられていた。だが、米連邦政府の「デフォルト」回避と中国への借金返済には、「焼け石に水」である。

しかも、安倍晋三首相は、「特別会計」から、巨額資金をつくれるのかどうかも難しく、オバマ大統領とバイデン副大統領は、「安倍晋三首相は、無能だ。使い物にならない」とすでに見限っていたという。さりとて、いきなり退陣を迫ると、日本の国民有権者の感情を逆撫ですることになりかねないので、しばらく、様子を見ることにしていた。もちろん、「ポスト安倍」の総理大臣として白羽の矢を立てているのは、言うまでもなく「小沢一郎自由党代表」である。

オバマ大統領を中心とする米英仏3国による「サイバー攻撃」を「闇のコンピューター帝国」が手引きしていた

日本国内には「闇のコンピューター帝国」という集団が存在しているという。米国オバマ大統領を中心とする米英仏3国連合が、ビル・ゲイツ創業の米マイクロソフト社の基本ソフト（OS）「ウィンドウズXP」のサポート終了（2014年4月8日）後を狙い「天皇家の金塊が生む富」に「サイバーテロ攻撃」をかけた際、この「闇のコンピューター帝国」のメンバーが、陰で手引きしていたというから、恐ろしい。

「闇のコンピューター帝国」を構成しているメンバーは、言うまでもなく、ＩＴ技術に精通した技術者ばかりである。「天皇家の金塊が生む富」を横取りして、「私腹を肥す」ことしか念頭にない輩と言ってよい。米国オバマ大統領を中心とする米英仏３国連合が、「天皇家の金塊などの莫大な資産」の所有権、管理権、使用権、それに「金塊などが生む富」に関わるデータやパスワードなどを盗み取ろうと策動しているのを察知して、「手引き役」を買って出て、「天皇家の金塊が生む富」を横取りしようとしたというのだ。

だが先述したように、「闇のコンピューター帝国」の動きを事前に察知した「天皇派」のＩＴ技術者たちが、総理府、内閣府、さらには宮内庁と連携して、「サイバーテロ」を防ぐセキュリティソフト開発を急がせた。そのなかで、天皇皇后両陛下が２０１３年11月30日、６日間の滞在日程でインドを訪問して、シン首相にセキュリティソフト開発を依頼された。インドには、最優秀のＩＴ技術が数多くいるからだ。

この結果、米国オバマ大統領を中心とする米英仏３国連合による「悪事」を未然に防ぐことができたということである。「闇のコンピューター帝国」は、日本国民にとってとんでもない「国賊」であり、「朝敵」である。決して野放しにして、のさばらせておくことはできない。

大日本帝国は1945年8月15日、大東亜戦争に敗れて無条件降伏し、連合国軍最高司令部（GHQ）の占領下に置かれた。日本は1945年9月2日、東京湾上の米戦艦ミズーリ前方甲板上において連合国との間で交わされた休戦協定（停戦協定）いわゆる「降伏文書」に調印した。

日本側は、天皇、日本国政府の命により、重光葵外相が、また大本営の命により、梅津美治郎参謀総長が署名した。連合国側は連合国軍最高司令官ダグラス・マッカーサーのほか、米国チェスター・ニミッツ代表、中華民国の徐永昌代表、英国ブルース・フレーザー代表、ソ連クズマ・デレヴャーンコ代表、オーストラリアのトーマス・ブレイミー代表、カナダのムーア・ゴスグローブ代表、フランスのフィリップ・ルクレール代表、オランダのコンラート・ヘルフリッヒ代表、ニュージーランドのレナード・イシット代表が署名した。

だが、「降伏文書」に調印の裏で、日本は、米国、英国との間で「裏の3国同盟」を結び、「天皇家の資産」の所有権、管理権、運用権の温存が認められていた。世界銀行が管理権を持ち、運用権の実務に関わり、「金塊などが生む富」は、主に日本、米国、英国が経済的にピンチに陥ったときに分配されることになった。

ところが、こともあろうにオバマ大統領を中心とする米英仏3国連合が、この所有権、管理権、使用権、これに関わるデータやパスワードなどを盗み取ろうとした。しかも、日本の「闇のコンピューター帝国」と呼ばれる集団が、「手引き」をしていたというから、呆れ果てる。

幸い、あの極東軍事裁判で日本を弁護したパール判事を生んだインドの最優秀IT技術者のおかげで、「天皇家の金塊などの莫大な資産」は間一髪のところで守られた。現代戦争の最たるものである「サイバー戦争」で、日本は戦後約69年を経て、米英仏3連合国に「勝つ」ことができたのだ。

敗れたオバマ大統領は2014年5月3日夜、毎年恒例となっているホワイトハウス記者クラブ主催の夕食会で、ガックリしたようなさえない表情だったという。CNNが2014年5月5日、「オバマ米大統領が自虐ジョーク連発　恒例の記者夕食会」という見出しをつけて、以下のように配信している。

「オバマ米大統領は3日夜、毎年恒例となっているホワイトハウス記者クラブ主催の夕食会で、昨年スタートした医療保険制度改革（オバマケア）のウェブサイトで技術上のトラブルが続出したことなどをネタに、自虐的なジョークを連発した。オバマ大統領は過去1年を振り返る演説の中で、オバマケアの柱となったオンライン手続きサイト『HealthCare.gov』がシステム障害で大混乱に陥ったことに言及。自身が1期目の大統領選に勝利した

2008年のスローガンは『Yes We Can（イエス・ウィー・キャン）』だったのに対し、昨年のスローガンは、コンピューターの画面が固まって『フリーズ』状態に陥った時などに使う再起動のコマンド、『Ctrl－Alt－Del（コントロール・オルト・デリート）』だったと話して笑いを誘った」

まさか、「天皇家の金塊などの莫大な資産」の所有権、管理権、使用権、それに「金塊などが生む富」に関わるデータやパスワードなどを盗み取ろうと「サイバー攻撃」をかけて失敗したとは言えない。大恥を天下にさらすわけにいかないので、情けない表情であった。

政府は、G7伊勢志摩サミット開催前に、「7000億円」準備、各首脳にそれぞれ「1000億円」渡す

政府関係筋によると、政府は、G7伊勢志摩サミット開催費用とは別に「7000億円」を準備して臨み、各首脳にそれぞれ「1000億円」ずつ渡した。これは2016年5月17日に成立した、被災者の生活再建や道路の復旧費用などを盛り込んだ2016年度の補正予算額7780億円にほぼ匹敵する。「1000億円」は、米国オバマ大統領、英

国キャメロン首相、フランスのオランド大統領、ドイツのメルケル首相、イタリアのレンツィ首相、カナダのトルドー首相の7首脳にそれぞれ渡された。問題は、その名目である。名目は、G7伊勢志摩サミット参加の「お車代」、「参加謝礼」、「手土産」などいろいろ考えられる。それにしても「大盤振る舞い」だ。

G7は、本来は、ロシアを加えたG8なのだが、ロシアは、クリミア併合を理由に外されている。G8のときから、主要テーマは、巨額資金の分配額や分配時期などについてであった。

この巨額資金は、主要国が経済的困難に陥った場合、第3次世界大戦勃発という最悪事態が発生するのを防ぐために分配して、各国経済を立て直し、健全化するのが、最大目的である。いまは、「国家VS過激武装勢力」という非対称の戦争が、第3次世界大戦への引き金となる危険性が高まっている。フランスのオランド大統領は、パリ市内でテロ事件が起きた直後、「これは第3次世界大戦だ」と断言、ローマ法王フランシスコ1世も、いまの世界情勢について、「第3次世界大戦の危機」を警告している。

安倍晋三首相は、これまでG8、G7に出席するたびに、「巨額資金を分配（シェア）する」と発言し、約束し、主要国首脳は、この言葉を信じてきたという。しかし、実際には、一度も分配（シェア）されることはなく、最近では、かなり苛立ってきていた。そのなかで、ドイツのメルケル首相本人や米国オバマ大統領のミシェル夫人が、わざわざ訪日して、「分配（シェア）」を要求した。安倍晋三首相は、「白小切手」を渡してその場を凌いできたが、メルケル首相やオバマ大統領は、これを現金化しようとしたところ、現金化できず、安倍晋三首相はすっかり信用を失ってしまったという。

安倍晋三首相は、根本的に勘違いしてきた。この巨額資金は、政府や政府機関が直接タッチできるものではない。世界銀行にしても、日本銀行にしても民間企業であるからだ。つまり、安倍晋三首相が、自由にできるものではないのに、まるで自由自在に支出できる資金であると思い込んできたことに、大きな間違いがあった。

とはいえ、いまさら言い訳できないので、ともかく各首脳に「1000億円」ずつ持たせて帰らせようという腹だったのである。しかし、「7000億円」が、国民の血税であることを忘れてはならない。

「パナマ文書」が、「強欲資本主義」の亡者と化した国家最高指導者の退場を迫り、世界中に革命を起こす

「パナマ文書」を曝露した「ジョン・ドゥ」（名無しの権兵衛）が、「租税と権力の不均衡

が『革命につながる』ことは歴史が示してきた。次の革命はデジタルによるものだろう。もう始まっているかもしれない」と述べたと伝えられているように、2016年5月10日午前3時公表された「パナマ文書」完全版が、世界中に革命を起こす勢いだ。「強欲資本主義」の亡者と化した国家最高指導者アイスランドのグンロイグソン首相は辞任、英国のキャメロン首相らは退場を迫られ、米大統領予備選挙中だった民主党のヒラリー・クリントン前国務長官が大ピンチとなった。これに対して、厳しい情報統制を敷いている中国共産党1党独裁北京政府の習近平国家主席は5月9日、北朝鮮の朝鮮労働党委員長に就任した金正恩氏に祝電を送り、関係修復の意向を伝えた。安倍晋三首相だけは、こうした「世界の革命的変化」についていけず、早期退陣に追い込まれそうな気配だった。

今、世界は重要な転換点を迎えている。米国オバマ大統領は2017年1月20日任期満了で退任、英国のキャメロン首相はすでに退陣、指導力欠如とスキャンダルで国民を失望させている韓国の朴槿恵大統領は2018年2月24日の任期満了を待たず退陣に追い込まれそうだ。加えて、無能・無策と悪評の潘基文国連事務総長は2016年12月31日、任期満了となる。ことほど左様に、世界の最高指導者が、一斉に一掃される。世界の革命的変化に対応できず、古い日本を取り戻そうとしている安倍晋三首相も例外ではない。野党民進党は、野党結集を嫌がって万年野党に甘んじようとしており、これに業を煮やした小林節慶大名誉教授らは5月9日、7月10日の参院選に向けて安全保障関連法の廃止を訴え、政治団体「国民怒りの声」（政党並みに選挙運動ができる確認団体）の立ち上げを発表した。イタリア生まれの緩やかな政党連合の日本版「オリーブの木」（花言葉は、平和）にはほど遠いので、勝算は定かではないけれど、日本に革命を起こそうという意気込みは、安倍晋三首相を震え上がらせていた。

「パナマ文書」完全版には、回避地法人に関連する日本人約230人、日本企業約20なども含まれている。政界関連では、加藤勝信一億総活躍担当相の妻・周子夫人の姉・加藤康子内閣官房参与（一般財団法人産業遺産国民会議の専務理事、筑波大学客員教授、父は加藤六月元衆院議員＝元国土庁長官、北海道開発庁長官、農林水産大臣）の名前が出ていた。

加藤勝信一億総活躍担当相は記者会見で、義姉・加藤康子内閣官房参与が代表取締役を務めている会社名が記載されていた件について、「直接関与しておらず、実態も承知していない」と説明して自身の関わりを完全否定している。

第6章

「ゴールド・ボンド」は「非G7」諸国へいかに分配されるのか？

〔吉備太秦のメッセージ⑥〕

43年ぶりに動いた「ゴールド・ボンド」は、あくまで事務方のルーティーンを決めて突破口を開くためのものだったので、金額も少ない。しかしこれからは、政府対反政府といったような内戦状態になっていない国で、中央政府の統治機能がきちんと確立している国連加盟国に対しては、要望書を出してもらう。G20以外の国連加盟国は、G20開催時にはオブザーバーとして出席してくるので、そのときに日本国政府の日銀政府や財務大臣に対して要望書を出してもらい、関係各国と調整をしたうえで、分配を決めていく。日本国が敵国条項を外され常任理事国になるといった国連改革が実現するまでの約2年間は、そのような方法で各国にシェアする。

世界支配層は、習近平国家主席、李克強首相から敬愛されている小沢一郎代表が一刻も早く政権を築くのを待ち望んでいる

天皇陛下を戴く世界支配層は、中国の習近平国家主席、李克強首相から敬愛されている小沢一郎自由党代表が一刻も早く政権を築くのを待ち望んでいる。「小沢一郎政権」が誕生しない限り、中国を民主化する目的での「物心両面」からの支援を実行できないからである。「小沢一郎政権」誕生が遅れれば、遅れるほど、中国の民主化が遅れ、北朝鮮の民主化も遅れ、朝鮮半島統一も遅れる。安倍晋三政権は、中国を第1の仮想敵国、北朝鮮を第2の仮想的国とする安全保障整備関連法を制定しており、中国側から信頼されていない。むしろ嫌われ、警戒されている。

習近平国家主席、李克強首相は、小沢一郎代表の「政治の父」田中角栄元首相が1972年9月25日に訪中して、同29日に日中共同声明に調印し、日中国交を樹立して45年になるのを記念して、小沢一郎代表を国賓として招待、大々的な記念式典を開催し、日中関係の絆をさらに強化したいと思っていた。中国人民の多くは、小沢一郎代表のことを「天皇陛下に次ぐ偉い人物」として敬愛しているのだ。このため、小沢一郎代表には、「内閣総

理大臣」として訪中してほしいと願っている。自民党内での、安倍晋三首相の「総裁任期延長（1期3年2期6年を、1期3年3期9年＝2021年まで）」などは、とんでもない話と眉を顰《ひそ》めている。

こうした習近平国家主席、李克強首相ら最高指導部「チャイナ・セブン」の強い意向を受けて、日本の中央政界では、「中国と関係の深い国会議員」を糾合して、「小沢一郎政権」を樹立しようとする動きが、水面下で、活発化している。

習近平国家主席、李克強首相は、中国共産党1党独裁によって、これからもさらに高度経済成長を続けていくのは難しいと痛感している。自由競争原理によって展開される資本主義経済と両立させるのは、難しいことである。ましてや、金融資本主義、強欲資本主義が支配的になっている現代、平等主義を基本原理とし私有財産制度を否定する共産主義国家は、根本的に成り立たなくなっている。

しかし、社会体制を一気に変革すれば、暴動、内乱などを惹起《じやつき》する危険がある。このため、習近平国家主席、李克強首相は、人民の思想と言論、行動を厳しく統制して、欧米諸国からは、「人権無視」との批判を受けつつ、「ソフトランディング」させようと懸命に努力している。

広大な国土、15億人～20億人とも言われる膨大な人口を抱えている中国の民主化には、莫大な資金が必要である。世界支配層は、小沢一郎政権が誕生すれば、直ちに巨額資金を投入し、「中国4分割・連邦制度」を導入するとともに、中国東北部（旧満州）には、「ユダヤ国家＝ネオ・マンチュリア」を樹立する。さらに、北朝鮮の民主化を進めて、「金王朝」を建てて、韓国との朝鮮半島統一を実現し、「金王朝」は、日本の皇室と姻戚関係を結ぶ。日本・中国・朝鮮半島は、「東アジア共同体」を形成して、「恒久の平和」（日本国憲法前文第2項）を実現するための基礎とする。

中国東北部（旧満州）に樹立する「ユダヤ国家＝ネオ・マンチュリア」には、イスラエルはじめ、世界各国に分散しているユダヤ人が、移動してくるだろう。いまのイスラエルは、パレスチナ問題を抱えていて、ユダヤ人にとって、「安住の地」ではないからである。EU諸国からは、ネタニヤフ首相の呼びかけに呼応して、大勢のユダヤ人がイスラエルに帰還している。だが、このイスラエルは、人口が飽和状態になっているので、住みづらくなってきているという。

これに対して、中国北京政府は、「ユダヤ国家＝ネオ・マンチュリア」建設予定地に、すでに200万戸の住宅を建設して、ユダヤ人の入植に備えているそうである。

プーチン大統領は、「12月15日」に山口県を訪問、米国を出し抜いての日ロ外交で安倍晋三首相は「独り芝居」

安倍晋三首相は2016年9月2日、ウラジオストクでプーチン大統領と日ロ首脳会談を行い、「12月に訪日していただきたい」と要請、プーチン大統領は快諾した。そして、11月にペルーで開催されるAPEC首脳会議に併せて日ロ首脳会談を行い、さらに12月15日に安倍晋三首相の選挙区である山口県長門市で日ロ首脳会談を行うことが決まった。安倍晋三首相は3日までウラジオストクに滞在し、ロシア政府主催の「東方経済フォーラム」にも出席した。日ロ首脳会談では「新たな発想」に基づいてアプローチし、戦後最大の外交課題であるにもかかわらず、停滞している北方領土返還・日ロ平和友好条約締結交渉にアクセルをかけるという。しかし、プーチン大統領は、日本からの経済支援を重要課題としているだけに、世界支配層は、安倍晋三首相が日ロ関係改善を行うことはムリだと受け止めている。それゆえ「カネだけ取られて、得るものは何もなし」という悲惨な結末を予測しており、安倍晋三首相の「独り芝居」に終わる公算が大であった。

世界支配層は、小沢一郎代表を通じて、「物心両面」から、G7への支援をすでに行いつつある。ロシア・北朝鮮、中国などへの支援も行う計画だが、現実に実施されるのは、小沢一郎代表が政権の座に就いた後になる予定なので、安倍晋三首相が、いくら逆立ちしても、在任中は、「物心両面」からの支援は、あり得ない。このため、安倍晋三首相が、シベリア開発などに必要な資金的支援を約束しても、「空手形」になってしまい、ロシアとの公約を果たすことはできないのだ。

プーチン大統領は、安倍晋三首相が、「地球儀を俯瞰する外交」と銘打って、諸外交を歴訪して、経済援助を約束してきている割には、これらが「口約束」になっていることを熟知している。

それればかりか、米オバマ大統領が2017年1月20日には、任期満了になり、「レイムダック状態」にある隙を狙って、プーチン大統領との間で、北方領土返還・日ロ平和友好条約締結交渉を前進させようとしていることもよく知っている。米国は何も決められない状態にあるため、日本に対して、事実上、口出ししにくい。しかし、米国は、日本がロシアと独自で事を進めることは、許さない。その目を盗むかのような姑息な動きを行っていることをプーチン大統領は、百も承知、とっくにお見通しなのである。

安倍晋三首相と麻生太郎副総理兼財務相は、世界支配層が進めているG7への「物心支援」のうち、米国への支援をワザと送らせている。政権末期のオバマ政権に「物心支援」

が行われても、安倍晋三政権にとって何のプラスにもならない、何の手柄にもならないと判断して、邪魔をしているのだ。このことを知ったいわゆる「ジャパン・ハンドラーズ」（日本操縦者）は、「安倍晋三首相を倒せ」と日本の政治家に指示していた。

サウジアラビアのムハンマド副皇太子とジュベイル外相が訪日、世界史上最古の皇室と関係緊密化の目的とは？

天皇陛下は2016年9月1日、皇居・御所で、来日中のサウジアラビアのムハンマド・ビン・サルマン副皇太子兼国防相と会見された。また、岸田文雄外相は2日、アーデル・アフマド・アル・ジュベイル・サウジアラビア外相と会談し、「サウジアラビアの『ビジョン2030』実現に向けて、外務当局間でも連携していきたい」と述べ、ジュベイル外相は、「ビジョン2030でも日本にパートナーになってほしい」と賛同したという。これに先立ち、ジュベイル外相は1日午前11時過ぎ、笹川平和財団ビル11階の国際会議場で「日本・サウジアラビア二国間関係およびサウジアラビアの中東関係」と題し講演した。中東問題専門家によると、ムハンマド副皇太子兼国防相とジュベイル外相の今回の訪日は、混迷複雑化する中東情勢の下で、「危機に立つ王制維持」のため、シュメール・

バビロニアをルーツとする世界史上最古・万世一系天皇制の皇室を持つ日本との関係をこれまで以上に緊密化するのが目的だったという。

サウジアラビアは、世界一の原油埋蔵量を持つ国であり、石油（原油）を米国はじめ世界中に多く輸出してきた。しかし、米国はその代金をニューヨークにある米国の銀行に振り込み、管理してきた。どういうことかというと、米国はサウジアラビアに兵器を売り、この銀行にある預金から代金を支払わせていたのである。しかも、米国は、シェールガスの開発に成功したため、サウジアラビアは、いつまでも「世界一の産油国」を誇れなくなっている。そのうえ、パーレビ王制を倒したイランの宗教革命の影響が続き、「王制維持」が難しくなってきている。こうなっては万が一、王制が倒れた場合に備えておかなければならない。このため、石油（原油）輸入大国である日本に「潤沢な資金」を貯蓄しておく必要性を痛感し、ムハンマド副皇太子兼国防相とジュベイル外相は、「銀行口座」開設のため訪日したという。

サウジアラビアは、オサマ・ビン・ラディンを輩出した国である。オサマ・ビン・ラディンは米国CIAのジョージ・ハーバート・ウォーカー・ブッシュ長官（1924年6月12日〜。第41代大統領）の呼び掛けに呼応して軍事訓練を受けて、アフガニスタンに侵攻していたソ連軍討滅のために「10年戦争」を戦った。帰国後、イスラム過激派テロリストとなり、サウジアラビア王制打倒や反米戦争に立ち上がり、アルカイダの司令官（アミール）となり、米国同時多発テロ事件をはじめとする数々のテロ事件の首謀者とされたが、パキスタンにおいて米国海軍特殊部隊「ネイビー・シールズ」が２０１１年5月２日（米国現地時間5月1日）に行った軍事作戦によって銃撃戦になり、殺害されたと報道された。遺体は、水葬されたと言われ、見つかっていない。

サウジアラビア政府は4月25日、サルマーン国王主宰による閣議を開き、経済開発評議会（ムハンマド・サルマーン副皇太子が議長）が作成した２０３０年までの経済改革計画「ビジョン２０３０」を承認した。石油依存型経済から脱却し、投資収益に基づく国家を建設していくことを最大の目標にしている。このための手段として、国営石油会社サウジアラムコの5％未満の新規株式公開（ＩＰＯ）、民営化による透明性の向上と汚職抑制、軍事産業の育成による国内調達の軍装備品支出の割合を50％まで拡大、外国人による長期的な労働・滞在を可能にするグリーンカード制度の5年以内の導入などを行う。

サウジアラビアはいま、「ビジョン２０３０」の推進に併せて、パキスタン、ロシア、中国と関係強化し、「ブロック経済体制」を構築しようとしている。サウジアラビアは、ペルシャ湾―ホルムズ海峡―アラビア海―パキスタン―中国―ロシアの海陸の線で、つながっているからだ。

サウジアラビアは、イスラム教スンニ派の盟主としてシーア派の大国イランと、ユダヤ教国のイスラエルを「敵国」としてきた。また、サウジアラビアは、パキスタンの「核開発」を資金面から支援してきた。非公然の核保有国であるイスラエルと核開発疑惑に包まれたイランからの「核攻撃」を恐れたからである。

イラン・欧米など関係6か国は2015年7月14日、イランの核問題をめぐる協議で最終合意に達し、オバマ政権は、対イラン経済制裁を解除した。だが、イランの核兵器製造は、阻止されたものの、この合意に、小型核爆弾の製造は含まれていない。このため、サウジアラビアは、イランと和解したオバマ政権に失望し、「米国離れ」をしている。

一方、米国からの資金援助を打ち切られているイスラエルは、「米国に失望」して、いまやロシアのプーチン大統領に接近し、親密になっている。オバマ大統領に見放されたと感じているサウジアラビアは最近、同病相哀れむイスラエルに接近しつつある。

それでも、イスラエルは、サウジアラビアが、「カネにいとめをつけず、パキスタンから核兵器を導入するのではないか」と疑心暗鬼になっている。何しろ、パキスタンの核開発は、サウジアラビアの資金援助で進められてきたので、パキスタンが核兵器提供を拒むことはできないからだ。

サウジアラビアのジュベイル外相は、王制維持のために懸命になっている！

サウジアラビアのアーデル・ビン・アフマド・アル・ジュベイル外相は２０１６年９月１日午前11時から12時まで、公益財団法人「笹川平和財団」笹川中東イスラム基金主催の講演会で、「日本・サウジアラビア二国間関係およびサウジアラビアの中東関係」と題し講演した。その後、質疑応答に入り、聴講者からの率直な質問に丁寧に答えた。サウジアラビアは、パーレビ王制を倒したイランの宗教革命の影響を受けて、「王制打倒」を叫ぶテログループなどによる民主化革命の動きにさらされており、いまや危機状態に立たされている。そのなかでの質疑応答であったので、質問は、「石油価格がさらに１＝バレル40ドルに戻ることへの懸念」「イランと米欧など６か国が２０１６年１月16日夜（日本時間17日午前）、イラン核開発問題を巡る最終合意の履行を宣言して、対イラン制裁を解除した後、米国との関係でど

アーデル・ビン・アフマド・アル・ジュベイル外相

う経済改革を進めるのか」「トルコとクルド自治区にどうかかわるか」「チラン海峡の2島をめぐりサウジアラビアは、エジプト・イスラエルの和平条約の第三者として関与するのか」「イエメンなどの問題は、その地域の人々による選挙に任せるべきではないか」などに集中し、サウジアラビアの「黄昏」を窺わせた。ジュベイル外相には、王制維持のために懸命なっている姿が滲み出ていた。

ジュベイル外相は「石油の需給関係、価格変動は、市場原理に任せるほかない」「米国・サウジアラビアは、同盟国であり、関係は強固だ」「トルコとの同盟関係は、揺るがない」「チラン海峡の2島は、いまでもサウジアラビアのものである」「イランは、偉大な国であるのに、アルカイダ、ISなどのテロリストを支援している」などと説明していた。

以下は、質疑応答のやりとりである。

ロイターのティム・ケリー氏 ロイターのティム・ケリーと申します。石油についてお尋ねしてよろしいでしょうか。世界に及ぼす影響力からということを考えますと、サウジアラビアは非常に大きな力を持っています。まもなくアルジェリアでもミーティングが行われます。サウジアラビアは、マーケットの安定化に参加する意思を示していると聞いております。お尋ねしたいのは、大臣閣下は石油価格が40ドルに戻ることを懸念しておられますか？　また王国としては、他のＯＰＥＣ（石油輸出国機構）が合意すれば減産する用意はありますか？

ジュベイル外相　まず前提ですけれども、石油価格はマーケットが決めることですね。需給関係で決めるという前提にのっとってということになります。もちろん生産国が何をするかで影響力を持つことはできますが、最終的にはマーケットが価格を決定するわけです。これは需給関係で決まるものです。この基本的な原則、これに対抗することはできません。部分的に関与することはできるかもしれません。でもこの原則に勝つことはできないのです。それゆえ、生産は減る価格も下がるという状況になるでしょう。他の生産国がたとえば、生産を凍結するということに合意するということであれば、サウジアラビアもそれに追随するほうが合理的かもしれません。他の国がそうしないのに、サウジアラビアが原産をする負担を担うのはおかしいと思います。いろんな議論が行われておりますけれども、この時期をどうやって管理するのかということが議論となっているわけです。またこの議論は継続されております。ドーハでも議論が行われました。生産の凍結ということ、またシーディングということがそのとき出ました。詳細については触れることはできません。というのはまだまだ議論が継続中だからです。

またこの５〜６か月でしょうか。１つ認識が高まってきました。他の生産国の間で、集団でなければならないと認識か深まってきました。1つの国に任せるわけにはいかないと認識が深まってきたと思うのです。

また一方で、競争の立場を目指す動きも見られると思います。ただそれが、減産につながるかはわかりません。

日経新聞記者　サウジアラビアにおける外交において、対米問題で最優先している課題は何でしょうか？　イランと「P5プラス1」（国連安保理事会常任理事国5か国にドイツ）の合意があったときには、マイナスの意見を表明なさいました。副皇太子が米国にいらしたときには、経済の改革を前進させるということをおっしゃいました。こういったたくさんのマイナスの要因とポジティブな要因のバランスをどうやってとるのでしょうか。

ジュベイル外相　まず冒頭に申し上げたいのですが、米国は私どもにとって最も重要な戦略的な同盟国です。米国との関係は揺らぐものではございません。米国との関係は非常に深いものでございます。米国は私どもの最大の同盟国です。安全保障、テロに関して軍事的な同盟国でありますし、それから経済的な同盟国でもあります。米国はサウジアラビアの最大の投資国でもあります。また、通貨もドルに固定されております。そういう意味で、80年間深い関係がございます。米国とサウジアラビアは非常に緊密に行動しております。そうして参りました。すべての問題についてです。地域の問題、シリア、イラク、イエメン、テロリスト、海賊問題、エネルギー、金融問題を見ても、目標は共通なのです。時には差異もあるでしょうが、それは戦術的な問題です。アサドを追放したいという点では、意見が一致しています。もっと堅牢な介入があるべきだと私どもは思っておりますが、米国は政治的なプロセスを好んでいます。でも目標は同じなのです。この非常にしっかりとした同盟関係は揺らがない。米国との関係は上向きなのです。サウジアラビアの多くの男女が米国に留学をいたしております。何千という人たちがサウジから米国に訪れております。問題があればこんなことは起きないのです。ですから強調したいのは、センセーションを求めて誇張をしていろんなことを言う人がいますが、現実を見ていきたい、ということです。私は米サウジの関係に30年間尽くしてまいりましたが、いま以上に強力であったことはないのです。すべての領域について大変強力な関係があるのです。世界でこのような堅固な同盟関係を持っている国は非常に少ないでしょう。

また、イラン取引に関する私どもの反感、これも誤解です。私どもはいつも言ってまいりました。どのような取引でも、イランが核能力を持つことを防ぐものであれば支持をする。そして堅牢であって、真剣な検査のメカニズムが導入されるものであれば、そして違反があれば制裁をするものであれば、これを支持すると常に言ってまいりました。米国、そしてP5が私どもに対して、これが達成されると説得をしてくれました。そういうことで、私どもは、公的にも支持を表明しました。

ですから、なぜ反対すると言われているのでしょうか。イランのアグレッシブな政策には反対です。テロリズムの支援は、反対です。そして私どもの国内の問題への介入は反対です。これに関しては露骨に言っています。でも、イランの取引自体はすべての条件が整って、私どもの懸念が対応されると確信した段階で、支持をしました。この取引について、私どもが懸念をしたのは、イランが現金にアクセスできるようになったならば、その現金を悪の行動の資金として使わないかということです。そこに関しては、私どもは非常に慎重になっております。イランのシリア、イラクに対する関与は高まっております。武器を密輸したりしております。私どもが見たいのは、イランが努力をして一般の国民の生活を改善すること、学校、道路、病院などをつくることです。しかし、それはまだ起きていません。

ジェトロの鈴木氏　トルコとの関係については、いかがでしょうか。とくにシリアがらみということでお尋ねしたのですが。また貴国のクルド自治地域についてお伺いできればと思います。

ジュベイル外相　そうですね。サウジアラビアとトルコの関係、これも大変重要な関係であると申し上げておきます。非常に強力な経済関係を持っておりますし、また社会的関係も強い、政治的経験も強い状況です。安全保障のつながりも強いものです。トルコはこの地域において、最も重要な国の1つであると思っております。トルコとサウジアラビアはこの地域で2大プレーヤーであるわけです。GDPという観点でもそうです。双方ともにG20のメンバーでもあります。また共通の世界観を持っていると思います。穏健派反対勢力をサポートする意味では、同盟です。過激主義、テロリズムに対抗するという意味でも同盟国です。両国における関係は素晴らしい。またエルドアン大統領と国王との関係もよかった。歴代のトルコ大統領とサウジアラビアの国王との関係は、ずっとよかったわけです。またこの地域におけるリスクについても同じような見方をしております。共通の利益ということに関しても、協力をしてきました。我々はトルコの領土の健全性についてもサポートします。トルコ政府の政策もサポートしているし、その正当性にかかる取り組みもサポートしている。そして民主国家としてのトルコは、恐らく市民に対して平等な権利を与えていると言えるでしょう。また法治国家であるというふうに思っております。したがっていかなる国も関わる権利がない問題だと思っております。

外務省・中東専門家のヤギマサノリ氏　チラン海峡（アカバ湾と紅海の境界にある海峡。シナイ半島先端部とアラビア半島北西部との間にある）の2つの島（チラン島・サナフィール島）の移転に関して関心を持っております。国王サルマンがエジプトにおいでになったときに、エジプトと合意をなさいました2つの島の移転に関して驚いたのです。また、イスラエルが懸念を表明しなかったということに関しても、意外に思いました。イスラエルは、船舶の通過の安全性、この海峡を通過するときの安全性に関心を持っております。直接、あるいは間接的に、エジプトを通じて直接・間接的に接触しておられるのでしょうか？　エジプト・イスラエルの和平条約の第三者として関与なさるということになったのではないでしょうか？

ジュベイル外相　いや、島はサウジの島なのです。ずっとそうでありました。これは文書で裏づけられております。67年の戦争で、シナイ半島をイスラエルが占拠するまでエジプトは島を自由に使うことができました。その後、キャンプデービッドの合意において、エジプトに島が返されました。それで、私どもはある決定をしました。この島を返還してほしいということを決定をしたのです。私どもはキャンプデービッド合意の当事者ではないわけですが、これらの島の利用については国際法に基づいて、航海の自由に対して署名をいたしております。イスラエルと島について接触をしておりませんし、するべきでもない。これはエジプトとサウジアラビアの問題なのです。

イラン大使館報道官　プレゼンテーションの中で、ＩＳですとか、いろんなテロリストグループに関する言及があったわけですけれども、2つのほかの点についても触れていただきたかった。まず、これらのテロリストグループのほとんどは、イデオロギーなのです。過激思想に影響を受けた。それはあなたの国から生まれたものです。また民主的な点についても申し上げておきたい。国連の下でイエメンの人々に正当な選挙をさせればいいのではないでしょうか。また支援に関しては、この人は正当だ、この人は正当ではないと、言えるものでしょうか。これはわれわれの関与することではありません。あくまで国際法に任せるものであると思います。この地域の問題は、あくまでもこういったような考えで対処すべきではないでしょうか。それを申し上げたいと思います。

ジュベイル外相　まずテロリズムということを考えますと、またセクト主義ということを考えますと、79年のホメイニ革命から始まったものだと思うのです。イランはシーア派国家をつくるために発足したわけです。イランは知友らにおけるすべてのシーア派の責任を担うことに固執し、これによってそのセクト主義が蔓延することになった。それで、スンニ派対シーア派となったわけです。またクルド人等々いろいろ出てきた。それまでセクト主義はなかったのです。中東において、イランが最初のセクト的なテロリストを生み出したのです。それがヒズボラです。ヒズボラが、たとえば大使館に対して自爆を行った。人々を殺した、そして国を乗っ取ろうとした。それは決して民主的なやり方ではないのです。

さて、イエメンにおける胞子（テロリストをカビにたとえて根の深いカビがはびこる様子を示す）ですけれども、5万人しかいません。5万人の勢力です。湾岸におけるわれわれが、湾岸イニシアティブというものを打ち出しました。これはイエメンにおける対話につながったわけです。ここでは民主的な権限維持を求めた。でも、胞子はそれに対して攻撃をし、政府を乗っ取ってしまった。そして彼らは武力をもって兵器を使って意思を押しつけたわけです。これはイランが提供したものなのです。また、イデオロギーの話がありましたが、過激派勢力のイデオロギーについて、まず現実的に考えてみましょう。オサマ・ビン・ラディンですけれども、彼は90年代イランとやりとりをしていた。9・11以降は、ヒズボラもそうです。9・11以降、アルカイダはイランを訪問しました。その中にビン・ラディンも含まれていた。すなわち、あなたの偉大なる国が彼をかくまったわけです。そしてアフリカにおける3つの大使館のその爆撃の試練も、これはアルカイダの司令官から出されたものです。彼がイランに滞在中、この命令が出されたのです。これはテロリストをかくまっていることになりませんか？　イデオロギーとはまるで無関係だと思うのです。でも、われわれは前進をしたいと考えているのです。アルカイダ、ＩＳはイランを一度も攻撃したことがないですよね。他の国はどんどん攻撃されているのに、どうしてでしょうか？　もしかしたらあなたの国がサポートしているからではないでしょうか？　かくまっているということは、たぶん可能性があると思うのです。

世界支配層は、日本のＩＭＦへの融資枠「最大４年間の延長」に調印、「安倍晋三政権の役目は終わった」と確認

麻生副総理兼財務相は２０１６年10月８日（日本時間）、国際通貨基金（ＩＭＦ）のラガルド専務理事と会談し、10月31日に期限切れとなる「4年前に日本がＩＭＦに対して設けた６００億ドル（日本円で6兆円余り）の融資枠」について、「最大4年間の延長」を合意し、調印した。天皇陛下を戴く世界支配層「ゴールドマン・ファミリーズ・グループ」は、この「合意契約書調印」をもって、「安倍晋三政権の役目は終わった」と確認したという。「もう用無し」という意味だ。

米国の投資銀行であるリーマン・ブラザーズが２００８年9月15日に破綻し、このリーマン・ショックから、欧州で信用不安が広がるなど続発的に世界的金融危機が発生した。

このため、日本政府と国際通貨基金（ＩＭＦ）は２０１２年10月12日、欧州債務危機を封じ込めるべく、ＩＭＦの資金基盤を強化する目的で、日本が６００億ドル（約４・７兆円）を拠出することで正式合意し、野田佳彦政権の城島光力財務相とＩＭＦのラガルド専

務理事は同日、東京都内のホテルで契約書に調印した。すなわち、ＩＭＦが財政難に陥った国への支援を機動的に行えるように、融資枠を設けたのである。そして欧州金融安定ファシリティの財源として必要とされているお金の一部を日本から拠出する形になった結果、ＩＭＦにおける日本の影響力は増していた。

この契約期限が10月31日に切れることから、麻生副総理兼財務相は「最大4年間の延長」で合意したのである。麻生太郎副総理兼財務相は、記者会見で「世界経済をめぐる潜在的なリスクに対処するため、ＩＭＦの資金基盤を十分に確保することは極めて重要だ」と語った。

しかし、契約書の内容は、大きく書き換えられている。それは、日本から拠出する資金の使用目的である。これまでは、「欧州金融安定ファシリティの財源として必要とされているお金の一部を日本から拠出する」とされていたのが、「延長後」は、「世界秩序と平和のための新機軸を築くために拠出する」と変わっている。

これは、一体、何を意味しているのか？

ズバリ言えば、世界支配層「ゴールドマン・ファミリーズ・グループ」は、日本に対して、世界新秩序体制に基づき、「新世界」を切り拓き、「恒久の平和」（日本国憲法前文第2項）から、さらに恒久平和を実現するホストカントリー（受け入れ国）としての重責を与えているということで、「拠出金」は、この重責を果たすために使われなくてはならないということだ。これは、必然的に日本政府に政策転換を促している。具体的には、「新機軸」を築くための政策である。

世界支配層は、「世界銀行→ＩＭＦ」の巨額資金運用益を世界各国に分配（シェア）しつつあるが、「拠出金」もこれに平仄を合わせなくてはならない。

「新機軸」は、資金の「使用目的」について、「原発廃炉」「地球環境改善」「天候に影響されない農工業＝アグリ・インダストリーの普及」「ブレインモルフィックＡＩ開発」などへの積極投資を掲げている。もちろん、「第３次世界大戦＝核戦争」は、絶対に回避しなくてはならない。

第7章

黄金の国ジパング／世界一安全な資産大国、日本

〔吉備太秦のメッセージ⑦〕

江戸時代大量に流通していた小判や一分銀や銅銭はなぜ現在、日本にほとんど残っていないのか。まずは、幕末まで続いた長崎での貿易によって大量に海外に持っていかれたことが、1つの理由である。もう1つの理由は、井伊直弼が「日米修好通商条約」を締結した際、いわゆる交換レートを決めたわけだが、日本は6進法を使っていたのに対して、米国など海外は10進法を使っていたことにある。つまり、6の倍数は12になるところを、10進法に無理やり当てはめ、売りも買いも、日本が2割損をするレートに取り決められた。それで日本は売り買い合わせて40％損をし、金・銀が余計に海外に流出する結果となった。これが不平等条約と呼ばれる本当の理由である。それを、明治維新による新政府は10進法による正当なレートでの取引をするように掛け合い、条約の内容を改正するのに、大変な苦労をした。

世界銀行・IMFには運用ルールがあるが、その中でバンクギャランティという国際的に統一された、銀行の残高証明書のようなものがある。それは16種類の書類が必要であり、その中では金の証明書が一番重要である。こうした金は、原産地がどこであるか明確であること、その金の純度が1000分の999・9％以上の純度であること、そしてそのゴールドバーには、鋳造しなおした業者がわかる刻印が押されていなければならない。

世の中で一般に言われている「天皇の金塊」、日本が大量に金を所有しているという所以は、世界銀行・IMFの運用の元になっているゴールドバーのうち、原産国が日本とされているゴールドバーが少なくとも全体の3分の1以上占めていることにある。

つまり、江戸時代を含めて幕末から明治初期にかけて、海外に流出してしまった日本の大量の金は、ゴールドバーに鋳造しなおされ、現在の世界銀行・IMFの国際運用資金の元本となっているということである。

江戸時代、明治時代を経て、現在は銀本位制ではなく、金本位制になっている。それは、1933年英国のチャーチルがエリザベス女王の承認を得て窓口となり、中国王朝の承認を受けた蔣介石と、日本の昭和天皇の承認を受けた濱口雄幸総理大臣と、英国の承認を受けたフランクリン・ルーズベルト大統領の話し合いによって、1933年の取り決めにより、1934年から世界は金本位制に移管することになったからである。そのときに決められた、金との交換が保証された紙幣、いわゆる兌換紙幣は4種類しかない。ジャパニーズ円、USドル、英国ポンド、スイスフラン、この4種類である。それ以外の紙幣はただの紙切れであって、有価証券としての価値はない。

したがって、日本が円借款として称して、兌換紙幣でない不換紙幣の国に円を貸し出せば、金を持っていかれてしまうので、金に換わる紙幣をその国に貸し出し、ジャパニーズ円を担保として、その国の通貨を発行することにしたのだ。こうすることで、その国の通貨が間接的に金との兌換が保証されるということになり、その通貨がはじめて価値を有して国際的決裁に使われるようになる。その1933年の取り決めが、1947年の国連決議であるMSA協定（Mutual Security Agreement）に移行され、現在までその制度が続いているということである。

したがって、いわゆる国際的な資金の運用、ならびに流通は、すべてこのMSA協定が根本になっていると考えることができる。

現在、仮想通貨、各種ポイントも含めて、リアルマネーではないにもかかわらずリアルマネーと同じように使えるいわゆる電子マネーが、リアルマネーの流通量をすでに100倍以上超えているという現実がある。これには、税金逃れの問題、ネットを使った不正な決裁、金融犯罪等の問題など、多くの問題があるが、これらを取り締まる法律が現行では整備されていない。そんななか、IMFは2016年11月1日から、仮想通貨であるビットコインを世界統一通貨として認定した。その仮想通貨と交換するための準備通貨として選ばれたのが、ジャパニーズ円、英国ポンド、スイスフラン、USドル、ユーロ、人民元である。この決定に基づいて、各国の中央政府は今後、課税を含めて各国で国内法を整備していくことになる。これが、これから将来にわたっての指針である。

なお、「ゴールド・ボンド」については、天皇陛下のサインのもと小沢一郎代表を受託者として分配された。その際、巨額資金は「世界銀行→IMF→日本銀行→フィリピン中央銀行→各国の中央銀行」というルートで分配され、「フィリピンの果たす役目」は、大きい。このため、第1弾2300兆円からは、多くの資金がフィリピンにも分配されている。そしてロドリゴ・ドゥテルテ大統領は、このことに感謝の意を表している。

ドゥテルテ大統領は2016年10月26日、首相官邸で安倍晋三首相と首脳会談し、「時が来たときは皆さまの側に立つと、はっきり申し上げる。日本とフィリピンは似たような状況にある。安心してください」と述べたという。

ドゥテルテ大統領は10月27日、天皇陛下と会見し、「天皇陛下がサイン・小沢一郎代表を介して分配された488兆円」について、感謝を述べる予定だった。これが、今回の訪日の最大の目的であった。しかし、大正天皇の第4皇男子・今上天皇陛下の叔父にあたる三笠宮崇仁《みかさのみやたかひと》親王殿下が10月27日午前8時34分、心不全のため、入院先の東京都内の病院で薨去された。このため、ドゥテルテ大統領の天皇陛下との謁見は、延期された。

見逃してはならないのは、この巨額資金の分配にあたっては、フェルディナンド・マルコス元大統領（１９１７年９月11日フィリピン・サラット生まれ、１９８９年９月28日、米国ハワイ州ホノルル市で死去＝ルソン島・ビサヤ諸島・ミンダナオ島などを中心に、大小合わせて７１０７の島々から構成される多島海国家である群島列島の某所で生存説もある）の妻であるイメルダ夫人も「サイナー」の１人になっており、その役目は大きいと言われていることである。

「天皇家の金塊」は、第2次世界大戦＝大東亜戦争（日中戦争、太平洋戦争など複数の戦争）後、フィリピン国内の複数の場所に隠して厳重に管理されてきた。これを守っているのは、フィリピンの警察であるという。この意味でも日本とフィリピンの関係は、極めて深い。

日本は、フィリピン政府に賠償金を支払ってきたが、その多くは、途中で抜き取られて、一般国民にはほとんど渡っていない。また、帝国陸軍中野学校二俣分校出身の残置諜者は敗戦後もフィリピンに残って戦い続け、小野田寛郎少尉（１９２２年３月

19日～2014年1月16日、最終階級は予備陸軍少尉。情報将校として太平洋戦争に従軍し遊撃戦＝ゲリラ戦を展開、戦争終結から29年目にしてフィリピン・ルバング島から帰還を果たす）のように、武装解除命令を知らず、戦い続けて現地住民に危害を加えた例も少なくなかった。「天皇陛下がサイン・小沢一郎代表を介して分配された488兆円」は、「天皇家の金塊」を厳重管理してもらってきた謝礼とフィリピン国民への償いの目的もあるのだ。

世界各国は、「天皇の金塊」が担保の「円」を持つ日本銀行と「スワップ協定」を締結して、通貨危機に備える

「黄金の国ジパング」と古来言い伝えられ、「天皇の金塊」と呼ばれる潤沢な金塊を保有する日本。天皇陛下を頂点とする世界支配層は、小沢一郎代表に託して新しい秩序に基づく新世界を実現するため歩み出している。通貨政策面では、世界各国の中央銀行はすべて、「天皇の金塊」によって強力に裏打ち（担保）されている「円」を持つ日本銀行と「通貨交換（スワップ）協定」を締結して自国の通貨危機に備えることが、当然の基本的ルールとなる。この結果、国際基軸通貨は、名実ともに「円」が、「米ドル」に取って代わる。

韓国の朴槿恵大統領は2015年2月23日に日本、韓国が緊急時に通貨を融通し合う「通貨スワップ協定」（100億ドル＝約1兆1850億円分の協定）を失効させていた。ところが、崩壊寸前の経済危機に直面し、恥も外分もかなぐり捨てて、2016年8月27日、ソウルで開かれた「日韓財務対話」で、日本に「再締結」を提案し、救いを求めてきた。

通貨スワップとは、金融危機などで米ドルなどの外貨が不足した際に融通し合い、地域の金融市場を安定させるものであるのに、朴槿恵大統領は、「慰安婦問題は解決済み」と

して一歩も譲らない安倍晋三首相に対して意地を張り通して、14年間続いたスワップ協定を終わらせた。朴槿恵大統領は、中国共産党1党独裁北京政府の習近平国家主席と親密になり、中国貿易に比重を移して経済発展を図ろうとしたので、かつての宗主国と属国との関係へと急速に先祖がえりした感を強くした。このため、安倍晋三首相が在任中、「日韓関係の改善」は、絶望的の様相を示していた。

ところが、中国経済は2015年6月頃から急に破綻し始め、バブル経済は崩壊してしまった。この煽りをモロに受けた韓国経済も破綻に追い込まれた。朴槿恵大統領は2013年3月1日、「抗日運動の記念日（3・1節）」の演説で「被害者と加害者の立場は1000年経っても変わらない」と「恨み千年論」を力説して以来、「反日姿勢」をますます強めていたにもかかわらず、2015年2月23日に「通貨スワップ協定」を期限切れで失効させてから、たったの1年6か月で、泣きを入れてきたのである。「泣いたカラスがもう笑うた」と言うけれど、本当に呆れ果てる。

なお、日本銀行は、通貨スワップ取極や銀行業務の提供などにより、海外中銀と協力しながら、業務を進めている。通貨スワップ取極は、以下の通りである。

【金融市場安定のためのスワップ取極】

◇２０１１年６月29日、中央銀行間米ドル・スワップ取極の延長
◇２０１２年12月13日、中央銀行間スワップ取極の延長
◇２０１３年10月31日、中央銀行間スワップ取極の常設化
カナダ銀行、イングランド銀行、日本銀行、欧州中央銀行、米国連邦準備制度およびスイス国民銀行は、現行の時限的な中央銀行間の流動性スワップ取極を常設化することを公表した。これらのスワップ取極は、今後、別途の通知があるまで存続することになる。常設化された取極は、上記の６つの中央銀行において、２つの中央銀行間スワップ取極のネットワークとして構成されており、各中央銀行が自国・地域において、いずれの他通貨によっても、流動性を供給することを可能とするものである。こうした流動性供給は、対象となる通貨に係るスワップ取極の当事者である２つの中央銀行が、市場の状況によって必要と判断した場合に行うことが可能である。
◇２０１６年３月18日、豪州準備銀行との為替スワップ取極締結について
日本銀行は、２０１６年３月18日、豪州準備銀行との間で、両国の信用秩序の維持に資する観点から、豪ドルおよび日本円を相互に融通するための為替スワップ取極を締結した。本取極による引出限度額は、本行において２００億豪ドル、豪州準備銀行において１・６兆円である。また、本取極の有効期限は２０１９年３月17日である。わが国と豪州は金

融経済面での結びつきを強めており、本邦金融機関の豪ドル建てのビジネスも拡大してきている。日本銀行は、本邦金融機関の豪ドルの資金決済に不測の支障が生じ、わが国金融システムの安定確保のために必要と判断する場合には、本スワップ取極を活用して、豪ドルの流動性供給を行う方針である。

【財務大臣代理人として締結した通貨スワップ取極等（チェンマイ・イニシアティブ等）】

◇2002年3月28日、日中スワップの取極締結について

日本銀行は、中国人民銀行との間で、円－中国元貨のスワップ取極を締結した。本スワップの引出限度額は、30億米ドル相当の円もしくは中国元である。本スワップは、チェンマイ・イニシアティブの枠組みに沿ったもので、東アジアの金融為替市場の安定を目的とする短期の流動性供与を図るものである。日本銀行は、本取極が、中国人民銀行との協力関係を一層推進することにも資するものと、確信している。

◇2013年12月13日、日＝インドネシア間の二国間通貨スワップ取極の拡充

◇2014年1月10日、日＝インド間の二国間通貨スワップ取極の拡充に係る取極の締結

◇2014年7月17日、チェンマイ・イニシアティブ（CMIM）の改訂契約の発効

◇2014年10月6日、日＝フィリピン間の二国間通貨スワップ取極の拡充
◇2015年5月21日、日＝シンガポール間の第3次二国間通貨スワップ取極の締結

カナダ銀行、イングランド銀行、日本銀行、欧州中央銀行、米国連邦準備制度およびスイス国民銀行は、現行の時限的な中央銀行間の流動性スワップ取極を常設化しているが、英国が国民投票の結果、EUからの離脱を決めたことがキッカケとなり、EUの解体、NATOの崩壊が取り沙汰されている事態に困っている。EUが解体されると、ユーロは、廃止されて、加盟国のそれぞれが使っていた元の通貨に戻ることになる。つまり各国中央銀行が、日本銀行と個々に「スワップ協定」を締結することになる。ではそうなると、日本の国際的地位はどうなるのか。国際金融に詳しい専門家は、以下のように語っている。

「個々の国の不良債権が処理された後、EUを解体すればいい。となると、通貨はユーロにこだわる必要はなく、自国の通貨、つまりそれぞれの国の元の通貨に戻るだろう。ただその場合、兌換紙幣で一番堅いジャパニーズ円とのスワップ協定が必ず必要になってくる。この結果、みんな天皇陛下に頭が上がらなくなる。実は、いまもすでに、決裁通貨としてドルを使うことはやめて、決裁通貨を人民元に変えている。いまのところレートが固定されているからだ。たとえば、ロシアが天然ガスをヨーロッパに売っているが、その決済通

貨は人民元で払ってくださいということになっていて、USドルもユーロも受け付けないことなっている。数年後には、人民元がドルに代わる世界通貨になる。それは、中国共産党という重しがあり、国連安保理では拒否権も持っているからだ。中国は、為替を完全変動相場制にしていない。正確には変動相場制にできない。ただし、来年から再来年にかけて、中国が中国共産党の重しがとれて完全に民主化され、大統領制になり、連邦制になれば、グローバルスタンダードに基づいて変動相場制にしなければならなくなるだろう。そうなったとき、兌換紙幣ではない人民元は、紙くず同然になるので、日本とのスワップ協定を続けていかなければ、決裁通貨としては認められなくなる」

ＩＭＦが日本国債を放出しない「借金大国日本」を批判 日本が「大きなお世話」とばかりチラつかせてみせたものとは？

フリーメーソン・イルミナティ筋（ニューヨーク・マンハッタン島発）が、２０１２年10月のＩＭＦ・世界銀行の年次総会の最中、欧米の投資家が日本政府・日本銀行に対して抱く不満の実態について、興味深いコメントをした。なんと、日本国債を買いたいのに、品薄のため買えないため、あの手この手で嫌がらせをしているというのだ。

欧米の投資家は、金融危機が続くなかで、欧米各国の金融商品（株式、通貨、国債など）への投資はリスクが高いと判断しており、世界で最も安全な資産大国である日本の国債に投資したがっていた。

しかし、日本国債は、日本銀行、日本の金融機関、日本国民などが、91・4％を保有しているため、買うことができない状況にある。そこで、なんとか国際市場に放出させようと、懸命だったという。

通常は、米国の格付け会社であるムーディーズやスタンダード＆プアーズ、欧州系のフィッチ・レーティングスが、各国国債の格付けを引き下げると「売り」が盛んになるのに、日本国債の格付けを下げても、これが「売り圧力」とはならず、ビクともしない。なぜか誰も売ろうとしないのである。

ＩＭＦ・世界銀行年次総会2日目の２０１2年10月10日、日本の銀行などが「日本国債」を保有して海外市場に放出させていないことについて批判の声が上がった。

フリーメイソン・イルミナティ筋の情報によると、ＩＭＦが、こうしたことを言ってくるのは、日本政府、日本銀行ともにお見通しであったという。

このメッセージに反撃し、打ち消すために用意されていたのが、ＩＭＦ・世界銀行の年次総会開会当日に発表された、「菱刈鉱山で新たに30トンの金鉱脈確認」という「住友金属鉱山」であった。

これは、どういうメッセージか？　「ご心配なく、日本は欧州各国から国債を引き受けてもらっているデフォルト（債務不履行）寸前のギリシアとは違う。借金大国と言っても、国民からの借金である。大きなお世話だ。それどころか、日本銀行には、金塊がたくさんあり、さらに、今回は、日本最大の金鉱山である菱刈鉱山で新たに金鉱脈が確認されたので、国家が破綻することはあり得ない」ということなのである。

日本政府、日本銀行は、欧米諸国やＩＭＦ・世界銀行などが、何か言いがかりをつけてくるようなときは、必ず、金塊をチラつかせてみせるのだという。

菱刈鉱山の金鉱脈の規模は、これまでに発表されたものにはとどまらない。さらに深層には大規模の金鉱脈が眠っている。また、たとえば、秋田県内をはじめ全国各地で、金鉱脈が隠されている。

米国ＦＲＢのバーナンキ議長が、日本の江戸時代の「コメ中心の農本主義」を「素晴らしい文化だ」と絶賛したワケとは？

フリーメーソン・イルミナティ筋の情報によると、米国ＦＲＢ（連邦準備制度理事会）

のバーナンキ議長（当時）が、「日本は素晴らしい国だ」と日本のことをやたらと誉めちぎっていたという。しかし、これは今の日本のことではない。何が素晴らしいのかと問えば、「かつての日本は、コメが経済の中心だった。素晴らしい文化だ」というのだ。

確かに、江戸時代まで日本は、コメ中心の農本主義国だった。貨幣経済が発達していなかったからである。強欲資本主義という言葉が流布するほど、資本主義が高度に発達し、市場原理主義が席巻し、幅を利かせている米国、その中でもいわゆる金融機関の総元締めである中央銀行のトップが、いまさら前近代的な経済制度であるコメ中心の農本主義を絶賛するとは、気がふれたとしか思えない。果たしてこの発言の真意は、どこにあるのか？

米国のドルは、国際基軸通貨として世界経済の頂点に位置して君臨してきた。ところが、昨今は、ドルに対する信任が地に落ちて、実質上は、国際基軸通貨と言えなくなってきている。代わって、日本の円が国際基軸通貨としてのし上がり、一時は「円高」が続いており、「1ドル＝50円」の声さえ囁かれていた。そのなかで、貿易上、「円決済」を求める企業も増えてきていた。「ドルはいらない。円をくれ」という有り様である。

ドルが信認を失ってきたのは、北朝鮮が国家として「偽ドル」を大量に印刷して、ASEAN諸国などで、「ドルの洗濯」（偽ドルで商品を買い入れて、その商品を7掛けで売って本物のドルを入手）をしてきたからだ。この結果、偽ドル（日本の印刷機械、紙、インク、偽ドル発見機を使うので、本物のドルより立派）がどんどん増殖し、信用が失墜してきた。

しかし問題は、偽ドルばかりではない。紙幣を大量に印刷して発行、流通させるには、その裏づけとなる「金塊」がなくてはならない。

だが、米国FRBの金庫では、かなり以前から、この裏づけとなる金塊が枯渇していた。このため、重さが金塊に近いタングステンに金メッキを施して、金庫に収めていた。だが、このことが、遂にバレてしまい、ドルの信認が失われることになったのである。

これに対して、日本の中央銀行である日本銀行の金庫には、金塊がどんどん増え続けている。住友金属鉱山が１９８１年以来、鹿児島県伊佐市の菱刈鉱山の金鉱脈から金を採掘しているからである。また「都市鉱山」と言われる廃棄物の中からも金を回収している。このため、日本は、世界最大の金塊を保有していると言われている。「円」が実質的な国際基軸通貨になっていると言われて、「円高」現象を招いていた所以である。

バーナンキ議長ばかりでなく、世界各国の中央銀行に出資している欧州最大財閥ロスチャイルド、米国最大財閥のロックフェラーなどは、ドルに代わる通貨を編み出したり、金塊に代わる裏づけとして「米国内に眠る石油」の利用などを検討してきた。しかし、有限な資源である石油も、やがては枯渇する。

そこで最近、アメリカは「農作物」に目をつけてきたのである。農家が大地を大切にし、これを耕して種を蒔き、育てていけば、永遠に農作物を刈り入れできる。つまり、この農作物を金塊に代わる通貨、紙幣の裏づけにしてはどうかと考えついたのである。

米オバマ政権は、TPP（環太平洋戦略的経済連携協定）の推進役になっており、とくに「食糧による世界支配」を確立しようとしてきた。世界屈指のバイオ化学メーカー「モンサント社」が製造するDNA種子「F1」（1世代限りの種子）を世界中の農家に使用させて、特許権で縛り奴隷化してしまう戦略である。

バーナンキ議長は、このDNA種子「F1」によって生育し、刈り取りできる農産物を「通貨、紙幣の裏づけ」にしようと考え、その際に、日本の農本主義経済を想起して、「これならうまくいく」と自信を深めて、日本を絶賛したようである。

小沢一郎代表と親密な米ジョン・デビッドソン・ロックフェラー4世上院議員が「旭日大綬章」を受章した意味とは？

2013年秋の叙勲で外国人7人が「旭日大綬章」を受章、このうち米国人は、ジョン・トーマス・シーファー元駐日米大使（米民主党員だが、共和党のブッシュ政権下、在任2005年4月から2009年1月まで）とジョン・デビッドソン・ロックフェラー4世上院議員（米民主党、国際金融機関ゴールドマン・サックス社オーナー）の2人であった。シーファー元駐日米大使は、「日米の友好親善及び相互理解の促進に寄与した」、ロックフェラー4世上院議員は「日米の経済関係の強化、相互理解の促進に寄与した」と功労が認められた。一方、日本銀行関係者によると、米国と欧州の経済支援を目的に「天皇の金塊」の一部が放出されたという。

ジョン・デビッドソン・ロックフェラー4世上院議員は、米国最大財閥のデイビッド・ロックフェラー（国際金融機関シティ・グループとエクソン・モービルのオーナー、2011年秋に失脚）の甥で、ロックフェラー家嫡流（本家）の当主である。叔父のデイビッド・ロックフェラーとは、御家争いやビジネス競争面で、仲が悪かった。そのうえ、国連支配権をめぐり、国連正規軍（平和維持部隊）による秩序維持を重視する「世界政府派」として欧州最大財閥ロスチャイルドの総帥ジェイコブ・ロスチャイルドと親密だったので、米英中心の「多国籍軍」による秩序維持を図る「世界新秩序派」のデイビッド・ロックフェラーと対立してきた。

しかし、日本政府が、ジョン・デビッドソン・ロックフェラー4世上院議員に、「旭日大綬章」を授与したことは、ジェイコブ・ロスチャイルドが掌握した国連支配権（世界覇権）に従うことを認める何よりの証と言える。これは同時に、ジェイコブ・ロスチャイルドとジョン・デビッドソン・ロックフェラー4世上院議員に親しい関係にある小沢一郎代表の国際的な立場を示している。世界支配層が、小沢一郎代表を「新帝王に指名していること」を改めて認識させている。

このため、日本は、これまで以上に米国と欧州との関係強化が求められていた。とくに財政難に苦しんでいる米国と欧州の経済的支援に格段の協力を行う必要があった。日本銀行関係者の話では、経済的支援に格段の協力を行うために、「天皇の金塊」の一部を放出した。その規模は「6京円」で、米国と欧州にそれぞれ「3京円」を提供したという。「天皇の金塊」の一部は、国内では「主要な神社仏閣5か所」の地下深くに埋蔵されており、天皇家とロスチャイルド家が別々に管理している「2本鍵」を同時に使わなければ、埋蔵庫を開けることができない。ロスチャイルド家が「鍵」を管理しているのは、国連加盟193か国の大半の国の中央銀行に出資していて、日本銀行最大の出資者でもあるからだ。

しかし、「天皇の金塊」を放出するとは言っても、「金塊」そのものを金市場に放出するわけではない。「金塊」を担保にして、「準通貨」を渡すということである。

日本は、「黄金の国ジパング」と言われてきたように、火山列島である日本列島の各地から、「金を産出」できる。

現在、代表的な「金鉱山」は、鹿児島県伊佐市で住友金属鉱山が経営している「菱刈鉱山」だ。だが、金鉱脈の規模は、公に発表されている規模どころではなく、ほかにも大規模な金鉱脈を発見しているうえに、宇宙からの探査を続けているという。また、すでに掘り尽くしていると言われている新潟県の金銀山や山梨県の甲府金山ほか、東北各地でも金鉱脈が健在だという。さらに、世界第6位の領海内の深海底からも金が潤沢に取れる。

「終戦のエンペラー」のメッセージと「国際金融の全権を日本が握った」という情報が意味するものは？

2013年の夏、米国の歴史映画「終戦のエンペラー」(原作者・岡本嗣郎、企画・奈良橋陽子、監督・ピーター・ウェーバー）が、大好評を博した。昭和天皇の戦争責任を追及しようとした連合国軍最高司令部（GHQ）のダグラス・マッカーサー最高司令官が、昭和天皇と直接対面した結果、その人柄に触れ、「戦犯」として訴追することができなくなったという話だ。日本国民には、よく知られた話だが、世界支配層筋からの情報によれば、これにはまったく別のメッセージが全世界に発信されているのだという。「別のメッセージ」とは、何か？

大東亜戦争（太平洋戦争）当時、日本は戦争相手を「鬼畜米英」と呼んだという。この「鬼畜」には、「ＫＩＣＨＩＫＵ」＝「１＋９＝10」＝「10＝ジュウ＝ユダヤ」という暗号が仕込まれていたというのだ。ユダヤに操られた米英両国との戦いという意味である。

しかし、戦後71年、この間に天皇家と日本民族が、どこから来たのかという研究が進み、そのルーツが次第に明らかになってきた。この中には、「ルーツ」を「紀元前４０００年から紀元前２０００年頃」、メソポタミアに栄えた「シュメール」に求める説もある。また、明治時代から論じられてきた「日本ユダヤ同祖論」というものもある。

終戦直前の１９４５年４月12日に他界したフランクリン・ルーズベルトは、生前、「天皇には、悪いことをした」と悔やんでいたという話も伝えられている。大東亜戦争の最中、日本はドイツ、イタリアと「防共協定」を結んだが、東欧から中国満州に逃れてきたユダヤ人を数多く助けていた。リトアニアのカウナス領事館に赴任していた杉原千畝《ちうね》領事代理は、ユダヤ人６０００人にビザを発給して助けたことで有名だが、満州では、東条英機ら陸軍軍人がユダヤ人を助けていた。安江仙弘陸軍大佐らは、満州に「ユダヤ国家」を建設する「フグ計画」という運動も行っていたのだ。

このような歴史から見ると、今回の映画は、ユダヤ人が多いハリウッドが、「昭和天皇」

を通じて「日本の天皇制」の地球史上における意義を認め、「尊崇の念」を全世界に向けて発信したものと解釈できる。

マッカーサー最高司令官は、乃木希典陸軍大将を尊敬し、自室に乃木希典陸軍大将の写真を飾っていたという。乃木希典大将は日露戦争に勝利して、水師営でロシアのステッセリ将軍と会見した際も、極めて紳士的な対応を見せた。通常、降伏する際に帯剣することは許されないにもかかわらず、ステッセリに帯剣を許し、酒を酌み交わして打ち解けたという。また、乃木希典陸軍大将は従軍記者たちの再三の要求にもかかわらず会見写真は1枚しか撮影させず、ステッセリらロシア軍人の武人としての名誉を重んじた。従軍記者たちが「写真をもっと撮らせてほしい」と要求したのに対しても、言下に断ったという。「敗軍の将を辱《はずかし》めることになる」という理由だった。この会見の場には、まだ若き将校のマッカーサー最高司令官が、父に伴われていて、乃木希典陸軍大将の態度に感動し、以後、尊敬していたという。

太平洋戦争では、日本とは敵味方に分かれて激戦を戦ったけれども、マッカーサー最高司令官は、心の底では、日本に敬意を示していた。その気持ちが、昭和天皇との会見でもよく表れていた。彼は昭和天皇が「戦争責任は、すべて私にある。私の身はどうなってもよい。日本国民を助けてほしい」と言われた言葉に感動したのである。

また、欧州最大財閥のロスチャイルドは、マッカーサー最高司令官に「天皇を戦犯にしないように」と申し入れ、その見返りに「財団設立」を約束したという。

菱刈鉱山の「金塊」の役割に日本の投資家は、感謝するとともに、しっかり活用をせよ

日本の「金融カラクリ」が功を奏して、米国連邦政府は2013年初頭、「財政の崖」をとりあえず克服(クリア)した。というよりは、本当のところ、「完全に克服している」にもかかわらず、手品のような「金融カラクリ」を公にできないがために、「財政の崖」が3か月後には、三度訪れることを強いて演出せざるを得なかった。EU諸国も、金融危機を完全に回避していながら、完全に収束したとは言えないでいる。この日本の金融カラクリを見抜いている投資家は、勝ちだが、これを知らない投資家は、大損する。この特別情報の入手如何が、これからの投資家の命運を大きく左右するのだ。

時事通信社は2013年1月4日、「金、円安受け急伸＝1年4カ月ぶり高値―商品市場大発会」という見出しをつけて、以下のように配信した。

「国内の商品先物市場は4日、大発会を迎えた。東京工業品取引所の金先物は、取引の中

心となる12月決済物が一時、昨年末比65円高の1グラム当たり４６９８円と急伸し、２０１１年９月７日に史上最高値（４７５４円）を付けて以来、１年４カ月ぶりの水準まで上昇した。米国の「財政の崖」が回避されて円安・ドル高が進み、円建て商品相場の割安感が強まったことから、個人投資家の間で金を買う動きが広がった。また、石油も国内市場の休場中にニューヨーク原油相場が上昇したことなどを受け、中東産原油やガソリン、灯油が全面高でスタートした」

また、日本の金融カラクリを側面から支援していたのが、住友金属鉱山「菱刈鉱山」（鹿児島県伊佐市）の金鉱山についての報道である。２０１２年１月早々、菱刈鉱山から初出荷の様子を報じたのをはじめ、２０１３年も１月４日に、初出荷の模様を報じていた。ちなみに、民放は、どこも報じていなかった。

ＮＨＫ ＯＮＬＩＮＥは２０１３年１月４日、「菱刈鉱山で金鉱石の初出荷」というタイトルをつけて、次のように報じた。

「伊佐市にある国内最大の金鉱山、『菱刈鉱山』で、ことし初めての金鉱石の出荷が行われました。伊佐市の菱刈鉱山では毎年、仕事始めの日に金鉱石の出荷式を行っています。４日は、金山の地下に通じる坑道の入り口の前に従業員およそ１００人が集まり、ことし

1年の安全を願う神事が行われました。続いて坑道の中から金鉱石がいっぱいに積まれた特殊な運搬車2台が出てくると従業員が拍手で迎えました。このあとトラックに積み込まれた金鉱石が、愛媛県西条市にある精錬所に向けて出荷されました。菱刈鉱山では昭和60年から金の採掘が始まり、鉱石1トンあたりの金の含有量はおよそ40グラムと、世界トップレベルの高い純度の金鉱石を産出しています。これまでに産出した金は、200トンあまりで、国内で最も多く金を産出した鉱山となっています。この鉱山では金の埋蔵量がまだ180トンあることが確認されていて会社によりますと最近の金価格で計算するとおよそ7800億円分の金が眠っているということです。菱刈鉱山の岡田和也鉱山長は『まだまだ10年以上採掘する量が埋まっているので、今後も安全に操業したい』と話していました」

菱刈鉱山のこれまでの簡単な沿革について、住友金属鉱山は2012年11月12日、次のような「開発30周年　菱刈鉱山が産金量200トン突破」と題するリリースを発表している。

菱刈鉱山は、1982年7月に組織として正式に発足しました。1983年初めより坑道掘進に着手し、1985年7月に着脈、出鉱を開始しました。近代的な鉱山開発による安定した操業と極めて高い金品位に恵まれたことにより、初出鉱以来27年4ヶ月で累計産金量200トンを達成しました。菱刈鉱山は、国内最大の金鉱山であり、現在確認されている埋蔵金量は150トンです。今後、現在採掘中の鉱床の下部にある鉱体の開発も進めることを決定しており、さらに約30トンの金量獲得を期待しております。菱刈鉱山は、今後も安定した操業の継続と新規の金量獲得に努めてまいります。

【菱刈鉱山のあゆみ】

1981年9月、金属鉱業事業団（現：JOGMEC独立行政法人石油天然ガス・金属鉱物資源機構）が菱刈鉱区で試錐調査を実施し、高品位の金銀鉱脈を発見
1982年7月　当社内に菱刈鉱山を組織として正式に発足
1983年1月　斜坑による本格的探鉱に着手
1985年7月　出鉱開始
1988年11月　山田鉱床発見
1990年9月　山神鉱床発見
1997年5月　産金量日本一達成（83・1トン）

1999年8月　産金量100トン達成
2006年3月　産金量150トン達成
2012年10月　産金量200トン達成

住友財閥は、江戸時代からの「御用承認」、言うなれば、「政商」である。時の政権、とくに保守政権にプラスになるように、行動する。つまり、長州閥の末裔である安倍晋三首相に当たり前の如く、協力、支援することになるのである。否、すでに全面協力している。

米国FRBのイエレン議長は、「金融カラクリ」に関する実務能力をどう発揮するか？

米国連邦準備制度理事会（FRB）のバーナンキ議長が2014年1月31日、2期8年の任期を終えて退任し、2月1日、イエレン副議長が金融政策を決める公開市場委員会の委員長に就任し、すべての権限を引き継いで新体制に移行した。イエレン副議長は2月3日の宣誓式で正式に議長に就任し、初の女性議長としてFRBのかじ取りを担っている。

イエレン議長の強みは、失業問題の専門家であると同時に、「天皇家の金塊」はじめ

「日本ゆかりの金塊」が生み出す富の恩恵に関する「金融カラクリ」すべての実務を担当してきた点にある。

オバマ大統領は、「300兆円戦争」と言われたアフガニスタン・イラク戦争が2001年10月7日から続き、いまだに完全終結を見ていないことから連邦政府の財政が疲弊し、加えてリーマン・ショックや欧州金融危機の煽りを受けて、米国経済が弱体化したため、経済再建と景気浮揚、雇用の拡大などを求められていた。

イエレン議長は、自らの強みを武器に潤沢な資金を縦横無尽に動かし、持てる能力をフルに発揮してオバマ大統領を支えることが期待されていた。

イエレン議長にとっての初仕事は、2月7日の「米国債の債務不履行（デフォルト）」を回避することであった。これは、「天皇家の金塊」はじめ「日本ゆかりの金塊」が生み出す富の恩恵がもたらす「金融カラクリ」により回避することができるので、心配なかった。オバマ大統領は、連邦政府が借金できる金額の上限を大幅に引き上げるための法改正に全力を上げればよい。問題は、野党共和党との交渉をいかに行うかにかかっていた。

「天皇家の金塊」はじめ「日本ゆかりの金塊」が生み出す富は、「戦争目的」には使えないことになっているので、オバマ大統領は、軍産協同体のために支出できない。すなわち、ロッキード・マーチン社、ボーイング社を頂点とする軍需産業（6000社）を潤し、生き延びさせる目的に資金投入はできない。このため、「平和産業」の育成・振興など「民生用」に有効利用するプロジェクトを立ち上げ、雇用拡大を図り、再び「アメリカン・ドリーム」を喚起することになる。

イエレン議長は、バーナンキ前議長が量的金融緩和を「量的緩和の縮小」に転換した方策を引き継いでいたので、この量的緩和をいつ終わらせるかが当面の務めになっていた。しかし、すでに新興国に流れ込んでいたドル資金が流出する現象が起きており、この中でも「フラジャイル・ファイブ（脆弱な5通貨＝ブラジルレアル、インドルピー、インドネシアルピア、トルコリラ、南アフリカランド）」（FRBの量的緩和縮小に伴って下落が進みやすい新興国通貨の総称。米モルガン・スタンレーが名付けた）が、「通貨安」を起こし、世界経済の混乱要因となりつつあることから、これが米国や日本経済にとってダメージとして跳ね返りかねなかった。

とくに日本は、2014年4月1日からの消費税増税（税率5%→8%へアップ）による消費の冷え込みが心配されていたなかで、安倍晋三首相が進めている「アベノミクス政策」を台無しにする危険があった。それだけに、イエレン議長の「巧妙かつ慎重なかじ取り」が求められていたのである。

FRBが、金利を引き上げたが、「世界は2016年明けから本格的大恐慌に突入する」という予測もあった

米連邦準備制度理事会（FRB、イエレン議長）は2015年12月16日、リーマン・ショック（2008年9月15日、米国の投資銀行リーマン・ブラザーズ破綻）による世界的金融危機が続発した後、7年にわたり続けてきた「実質的なゼロ金利政策」を解除し、政策金利を9年半ぶりに引き上げることを決定し、異例の景気てこ入れ策を、日本や欧州に先駆けて終えた。にもかかわらず、世界経済の動向に詳しい専門家筋は、「世界大恐慌が、すでに始まっており、2016年の年明けから本格的大恐慌に突入する」と予測していた。一体、どういうことなのか？

専門家筋いわく、「世界を大恐慌に陥れる3つの要因が、全部揃った」のだという。3つの要因とは**「原油価格の下落」「FRBの政策金利引き上げ」「中国経済の崩壊」**を意味している。

「原油価格の下落」については、「長期化」が懸念されていた。世界的に原油安が続くなかで、産油国でつくる石油輸出国機構（OPEC）が2015年12月4日、ウィーンの本

部で開いた総会で減産を見送ったのを受け、4日の市場では国際指標のWTI（ウエスト・テキサス・インターミディエート）の先物相場が1バレル＝39・97ドルと節目の40ドルを割り込み、その後も続落し、2015年12月14日には6年10か月ぶりに34ドル台をつけた。このため、原油相場は「底値が見えない」状況となり、「20ドル台まで下げる」と予測されている。

「FRBの政策金利引き上げ」については、FRBの7年間に及ぶ異例の政策で大量のドルが世界の金融市場に行き渡っており、これが金利高の米国へ逆流を始める。ドルはすでに12年半ぶりの水準に高騰していて、とくに、巨額の経常赤字を抱えている新興国からの資金流出に拍車がかかり、通貨安や株式市場の混乱が危惧されている。

「中国経済の崩壊」については、欧米の機関投資家は、「高度成長は明確に終わった」と中国経済に見切りをつけて、一斉に売りに転じている。米著名投資家のジョージ・ソロス氏が、電子商取引大手、アリババや、検索大手、百度（バイドゥ）など、保有した中国株を米国市場で計300万株売却、米バンクオブ・アメリカ・メリルリンチは、2015年上半期だけで日本円換算で7兆2000億円の中国株を売却し、大半をインドの株式投資へ回していると言われている。

このため、世界銀行、国際通貨基金（IMF）などの国際機関は、中国経済の減速、資源価格の下落に加えて、ＦＲＢによる政策金利引き上げが重なり、新興国が深刻な大打撃を受けると憂慮しているという。

ＦＲＢが、金利を引き上げたことで「世界は２０１６年明けから本格的大恐慌に突入する」という予測もあった。

ＦＲＢは、14年任期の理事7人によって構成、理事の中から議長・副議長が4年の任期で任命されている。米国オバマ大統領は、バーナンキ前議長の後任として男性の候補者を念頭においていた。だから、「イエレン議長」を示されて驚いた。だが、バーナンキ前議長から説明を聞いて、すぐに納得して、飛びついたという。イエレン議長は、副議長のとき、「天皇家の金塊」など「金融カラクリ」という「玉手箱」を使って、連邦政府のデフォルト「債務不履行」を救ってきた実績があった。要するに連邦政府になり代わって米国債の利息を支払ってきた。それればかりか、この「玉手箱」を使う事務能力にかけては、余人をもっては代えられなかったからである。つまり、イエレン副議長以外、誰も「玉手箱」の使い方を知らないということだった。これは現在でも変化はない。

「天皇家の金塊」など「金融カラクリ」という「玉手箱」とは、スイス銀行（プライベート・バンク）やオマーン、ブラジルに分散して、「松平事務所」が預けている「徳川埋蔵金・京の財宝＝別名・松平家の金塊」のことをいう。

松平事務所の関係者が、いわゆる「天皇家の金塊」＝「松平家の金塊」から巨額資金をつくる方法について、国際通貨基金（ＩＭＦ）とＦＲＢに相談したところ、この金塊を担保に「準通貨」を発行できることがわかった。さらに、この「準通貨」を担保にして、巨額のドルを調達できる。イエレン議長は、副議長のときから「巨額資金」を管理・運用する「特別な事務能力」を発揮してきたのである。

おわりに

「天皇家の金塊」である「ゴールド・ボンド」(4京3000兆円)が、いわゆる「天皇陛下を戴く世界支配層(ゴールドマン・ファミリーズ・グループ)」によって、世界各国に分配(シェア)されつつある。その第1弾が、G7(日本、米国、英国、フランス、ドイツ、イタリア、カナダ)を対象に分配(シェア)された。

このことは、世界各国(国連加盟国193か国)の首脳陣にアッと言う間に伝わった。日本の近隣では、中国、ロシア、北朝鮮がこの情報をキャッチしている。中国の習近平国家主席、韓国の朴槿恵大統領は、「早く分配してくれ」と日本にアピールしていた。ロシアは、この資金に影響力も持たない安倍晋三首相に接近する動きを見せてきた。しかし、これは、「ポスト安倍」を計算しての打算的な動きにすぎなかった。プーチン大統領の心は、すでに安倍晋三首相から離れて、その先を見据えているのだ。

小沢一郎自由党代表は、日本国内と近隣諸国(中国・ロシア・韓国)の「国益」のみを中心に考えているわけではない。ズバリ言えば、「地球全体の利益」である。このことを知っているのは、天皇陛下を戴く世界支配層「ゴールドマン・ファミリーズ・グループ」である。

世界支配層は、第2次世界大戦（日本は、大東亜戦争＝日中戦争、太平洋戦争など複合的戦争）後、71年を経過して、元来、烏合の衆の集まりであった国連機能が、すでに限界に達しており、現代戦争の形態が「国家対非国家（テロなど過激武装勢力）」に変容し、世界秩序・平和維持の仕方が難しくなっていることを、はっきり理解している。第2次世界大戦の戦勝国である米、英、フランス、ロシア、中国5大国が安全保障理事会で持つ「拒否権」のために、国連機能が阻害されており、かつての「米ソ対決＝資本主義国VS共産主義国」の基本構図が、依然として変わらず、世界秩序・平和維持を危うくしている。そしてこれが、第3次世界大戦＝核戦争を惹起させる「恐怖の要因」となっているのだ。

この危機を回避するには、国連機能をグレード・アップし、「地球連邦政府樹立・地球連邦軍創設」により、真に世界秩序・平和維持を実現するしかない。

世界支配層は、この使命と役割を小沢一郎代表に託している。そのためには、まず、小沢一郎代表が、日本の国家最高指導者（総理大臣＝首相）に就任して、国際政治家として世界中に認知、評価されて、然る後に、「国連事務総長」となり、国連機能をグレード・アップさせて、「恒久の平和」（日本国憲法前文第2項）を実現する使命と役割を果たさねばならないのである。
言うまでもなく、小沢一郎代表は、この大業を果たすのに必要な「潤沢な巨額資金」と「有能なる人材」の供給を世界支配層から保証されている。

2017年1月15日

板垣英憲

板垣英憲　いたがき えいけん

昭和21年８月７日、広島県呉市生まれ。中央大学法学部法律学科卒、海上自衛隊幹部候補生学校を経て、毎日新聞東京本社入社、社会部、浦和支局（現さいたま支局）、政治部、経済部に所属。

福田赳夫首相・大平正芳首相番記者、安倍晋太郎官房長官・田中六助官房長官担当のほか、文部・厚生・通産・建設・自治・労働各省、公正取引委員会、参議院、自民党、社会党、民社党、公明党、共産党、東京証券取引所、野村證券などの担当を務める。昭和60年６月、政治経済評論家として独立。衆議院議員 小沢一郎先生を支持する会「矢部マリ子記念 一由倶楽部 鉄板会」幹事長。

著書は、『小沢一郎総理大臣待望論』（ジャパンミックス）『新進党教書』（データハウス）『大蔵日銀と闇将軍』（泰流社）『小沢一郎の時代』（同文書院）『東京地検特捜部－鬼検事たちの秋霜烈日』（同文書院）『鳩山由紀夫で日本はどうなる』（経済界）『国際金融資本の罠に嵌った日本』（日本文芸社）『ブッシュの陰謀』（ＫＫベストセラーズ）『権力闘争史戦国自民党50年史』（花伝社）『政治家の交渉術』（成美堂出版）『政権交代小沢一郎最後の戦い』（共栄書房）『ロックフェラーに翻弄される日本』（サンガ）『総理大臣　小沢一郎』（サンガ）『民主党派閥抗争史　民主党の行方』（共栄書房）『鳩山家の使命』（サンガ）『友愛革命　鳩山由紀夫の素顔』（共栄書房）『ロスチャイルドの世界覇権奪還で日本の《政治・経済権力機構》はこうなる』『中国４分割と韓国消滅　ロスチャイルドによる衝撃の地球大改造プラン』『縄文八咫烏直系！　吉備太秦と世界のロイヤルファミリーはこう動く』『吉備太秦が語る「世界を動かす本当の金融のしくみ」』『あのジャパンハンドラーズが「小沢一郎総理大臣誕生」を自民党に対日要求！』『「悪の地政学」と「悪の戦争経済」でわかった 日本人が背負う《世界大戦》重大リスク』（以上、すべてヒカルランド）など156冊。

公式 HP　http://www.a-eiken.com/

Facebook　http://www.facebook.com/eiken.itagaki

twitter　https://twitter.com/info82634886

公式 blog　http://blog.goo.ne.jp/itagaki-eiken（勉強会・DVD 販売など各種ご案内も掲載）

板垣英憲「情報局」※世界の政治・軍事・経済・金融を支配するパワーエリートの動きやその底流で行われている様々な仕掛けなどを中心に、重要情報（特ダネ）をキャッチして速報する。

http://blog.kuruten.jp/itagakieiken（有料ブログ）

http://foomii.com/00018（有料メルマガ）

「4京3000兆円」の巨額マネーが
天皇陛下と小沢一郎に託された
ついに動き出した吉備太秦のシナリオ

第一刷 2017年1月31日

著者 板垣英憲

発行人 石井健資
発行所 株式会社ヒカルランド
〒162-0821 東京都新宿区津久戸町3-11 TH1ビル6F
電話 03-6265-0852 ファックス 03-6265-0853
http://www.hikaruland.co.jp info@hikaruland.co.jp
振替 00180-8-496587

本文・カバー・製本 中央精版印刷株式会社
DTP 株式会社キャップス
編集担当 田元明日菜

ISBN978-4-86471-463-1

ヒカルランド　好評既刊!

地上の星☆ヒカルランド　銀河より届く愛と叡智の宅配便

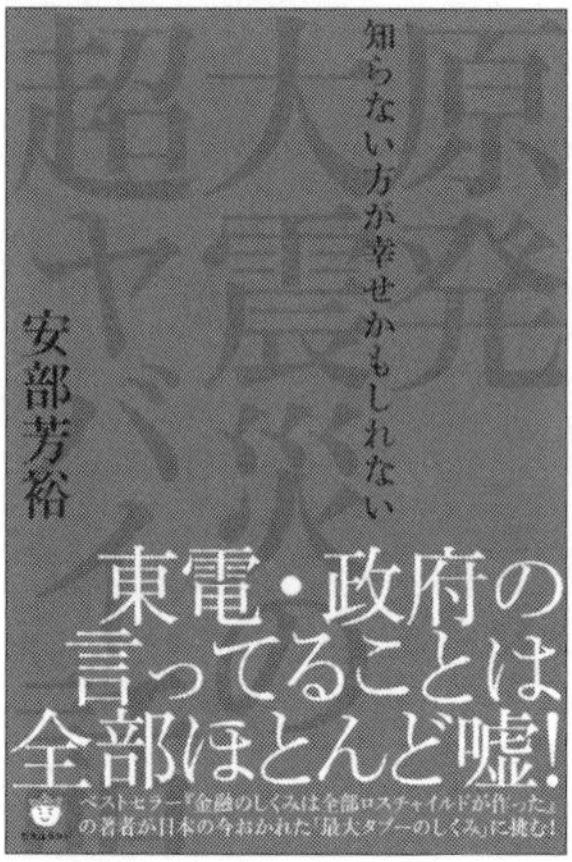

原発大震災の超ヤバイ話
著者：安部芳裕
四六ソフト　本体1,600円+税
超★はらはら　シリーズ003

サイコパシー
著者：アナ・ベアトリス
訳者：宮城ジョージ
四六ソフト　本体1,750円+税

嘘だらけ世界経済
今この世界を動かしてる《超》秘密
著者：ベンジャミン・フルフォード／板垣英憲
四六ソフト　本体1,815円+税

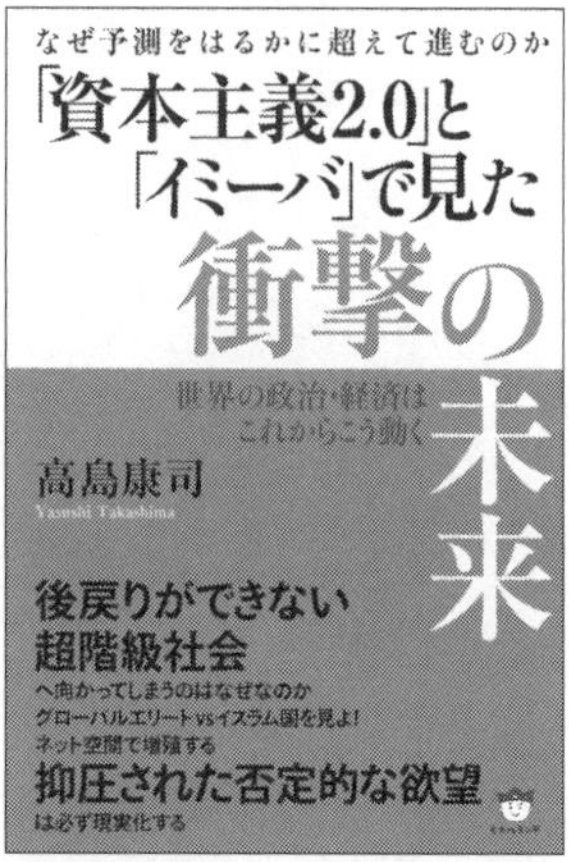

なぜ予測をはるかに超えて進むのか
「資本主義2.0」と「イミーバ」で見た衝撃の未来
著者：高島康司
四六ソフト　本体2,000円+税

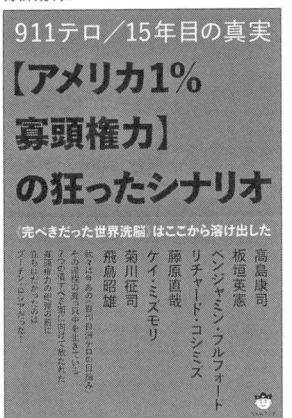

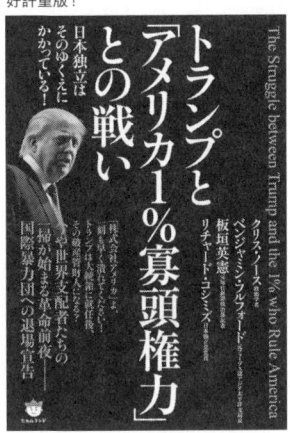

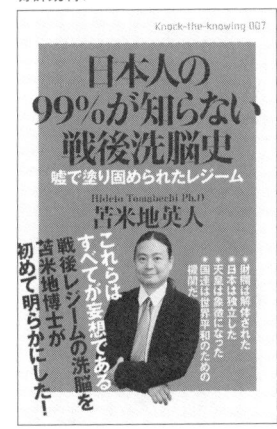

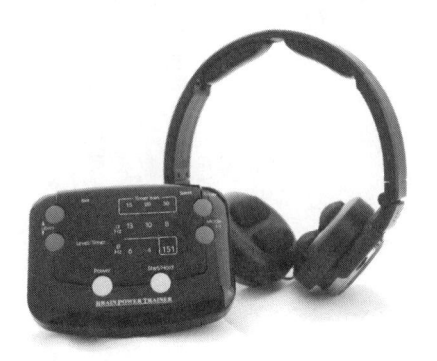

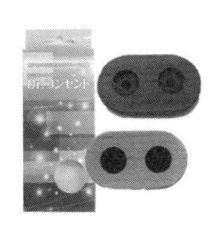

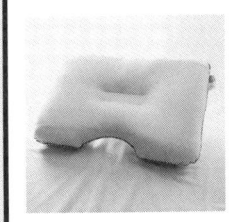

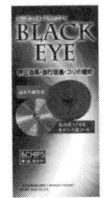

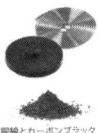

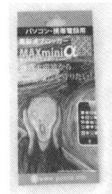

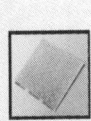

◉小型メビウス・ヒーリング・スピーカー

正面

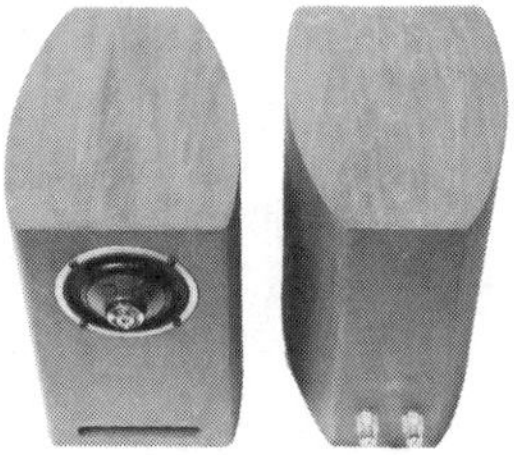

上面部と背面部

もう少し小型で安価なスピーカーは出来ないですか？　という皆様からのご要望にお応えする形で小型メビウス・ヒーリング・スピーカーが誕生しました。
木目調仕上げとなっており、自然界の音波の発生原理と同じく、球面波を発生させることを特徴としています。本スピーカーが音を発する時、自然の中で響き渡る音と同じ球面波が発生します。発生した音波波動は森林浴に於けるマイナスイオン効果のごとく体全体に深く染み透ります。脳の奥深くに記憶された太古の自然音が呼び起こされ、原体験をした原始脳にまで届き、多くのストレスや雑念が払拭されていきます。音響療法と音楽療法が、一度に受けられます。
木目調ではなく、違う色をご希望の場合は、別途30,000円（税抜）ほど掛かりますが、指定の色にすることも出来ます。

販売価格　162,000円（税込）

受注生産のため注文から１ヶ月前後のお時間をいただいております。
２個組１セット（スピーカーのみです。アンプは別途ご購入ください）
１個の外寸　高さ296mm　幅160㎜　奥行き230㎜
重量　3.2kg×２個　ケーブル３m付
（ウィングサプライインターナショナル製作）

【お問い合わせ先】　ヒカルランドパーク

◉メビウス・ヒーリング・スピーカー

メビウス・ヒーリング・スピーカーは波動スピーカーです。エンクロージャー（筐体）もスピーカーユニットも曲面で構成し、自然界の音波の発生原理と同じく、球面波を発生させることを特徴としています。

本スピーカーが音を発する時、自然の中で響き渡る音と同じ球面波が発生します。発生した音波波動は森林浴に於けるマイナスイオン効果のごとく体全体に深く染み透ります。脳の奥深くに記憶された太古の自然音が呼び起こされ原体験をした原始脳にまで届き、多くのストレスや雑念が払拭されていきます。

世界初の超楕円からなる曲面によるエンクロージャー。モノコック（張殻）構造により、これまでにない強固なボディ。曲面からなる立体メビウス構造のため、スタンディングウェーブが発生せず吸音材、補強材などの必要がありません。

自然音の発生原理を取り入れた世界初オリジナル凸型スピーカーユニットで構成。各ユニットの最高性能を引き出すため、特殊波動フィルターにより綿密に特性を制御し周波数特性、位相特性、ダイナミックス等あらゆる物性におけるレスポンスを理論値に近似とし、高性能化しています。

自然音が再現されることで、やすらぎ、音楽療法が可能になります。日本人の超感性にぴったりの世界で他にはないスピーカーです。

販売価格　378,000円（税込）

お好みの色を選べます特殊塗装の場合は別途料金をいただく場合がございます。受注生産のため注文から１ヶ月前後のお時間をいただいております。
２個組１セット（スピーカーのみです。アンプは別途ご購入ください）
１個の外寸　高さ320mm　幅240㎜　奥行き300㎜
重量　６㎏×２個
（ウィングサプライインターナショナル製作）

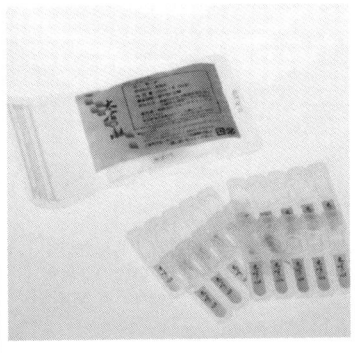

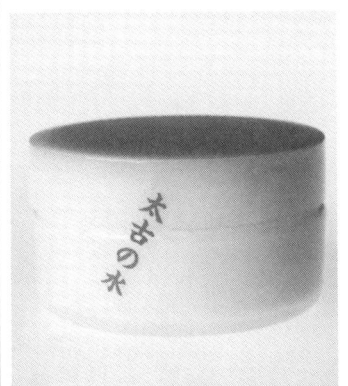

マルンガイ粉末　100g

価格　5,400円（税込）

マルンガイタブレットタイプもございます。こちらの商品をご希望の方はヒカルランドパークまでご相談ください。

マルンガイに含まれるソマチッドが真っ先に対応し、それらを癒してくれます。時間は多少かかるかもしれませんが、現れていた症状が健康な状態に戻ったら、同じように、水便がでてくるのです。
体や心の不調を治そうとがんばるのではなく、元の健康な状態に戻してあげよう、と気楽な気持ちで、この機会に試してみませんか？

※妊婦の方がご利用になられる場合は、妊娠初期からの摂取はさけ、安定期に入ってからご使用ください。「母の親友」と呼ばれる通り、母乳が良く出るようになるそうです。
※マルンガイについてもっと詳しく知りたい方は、菱木先生のマルンガイ説明会をお勧めします。

容量：粉末 100g／タブレット 100g
原材料：マルンガイ「モリンガ・オレイフェラ」葉100%
栄養成分：たんぱく質、脂質、糖質、食物繊維、ナトリウム、亜鉛、カリウム、カルシウム、セレン、鉄、銅、マグネシウム、マンガン、リン、パントテン酸、ビオチン、ビタミンA、ビタミンB_1、ビタミンB_2、ビタミンB_6、ビタミンC、ビタミンE、ビタミンK、ナイアシン、葉酸、n-6不飽和脂肪酸、n-3不飽和脂肪酸、ポリフェノール、γ-アミノ酪酸（GABA)、ゼアキサンチン、ルテイン、総クロロフィル、カンペステロール、スチグマステロール、β－シトステロール、アベナステロール、他

【お問い合わせ先】ヒカルランドパーク

90種類の栄養素とソマチットを含む
“奇跡の植物”マルンガイ

マルンガイ（学術名　モリンガ・オレイフェラ）という植物は、原産国フィリピンでは、「母の親友」「奇跡の野菜」「生命の木」などと言われており、ハーブの王様として知られています。

マルンガイは、今までに発見された樹木の中で、最も栄養価が高い植物と言われており、例えば、発芽玄米の30倍のギャバ、黒酢の30倍のアミノ酸、赤ワインの８倍のポリフェノール、オレンジの７倍のビタミンC、人参の４倍のビタミンA、牛乳の４倍のカルシウム、ホウレンソウの３倍の鉄分、バナナの３倍のカリウム、などなど挙げればきりがありません。自然の単一植物の中に90種類以上の驚異的な栄養成分が含まれており、ビタミンや必須脂肪酸など、熱に弱い栄養素も調理をしても壊れません。いま、話題のオメガ３も摂取しやすくなっています。

そして、最も注目したいのは植物の中で、ダントツに多く含まれる、ソマチット‼　このソマチットが、細胞からピカピカに生まれ変わらせてくれます。


緑色の植物の中には必ず入っているといわれているカフェインが入っていないので、カフェインが気になる方も安心してお飲みいただけます。

驚異のデトックス力を誇るミラクルツリー！


健康への第一歩は、体内に溜まった毒素を出すこと。

マルンガイの何よりの特徴は、解毒･排毒作用がとにかくすごいことなのです‼

摂取するだけで、苦労なくデトックス。体を浄化すると、本来の自然治癒力が発動し、免疫力、が高まる＝周波数も上がることに繋がります。そして、浄化をした上で、さらに、驚異的な栄養素が吸収されていくのです。


健康な方は飲み始めて１週間～数ヶ月で水便が出ます。体内に溜まった添加物や、有害物質が排毒されたサインでもあります。水便が出る、と聞くと怖がる方もいらっしゃいますが、お腹が痛くなるような普通の下痢とはまったく違います。ただただ、水の便が出ます。水便が出ることは、喜ばしいことであり、「おめでとう！」なのです。水便が出たら、とてもすっきりしたという声もよく聞きます。症状がつらい方は、そのときだけ量を減らすなどして、加減してみてください。

水便が出ない人はガン・腫瘍・ポリープなどが体のどこかにあるそう。しかし、これもまた心配にはおよびません。まずは、そういった生命を脅かす症状に、

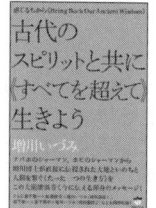

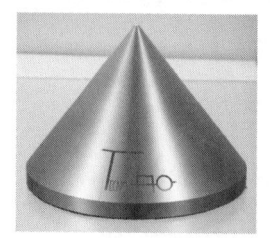

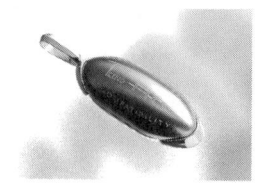

電磁波を知り尽くす増川いづみ博士開発の一級品
テクノ AO シリーズ

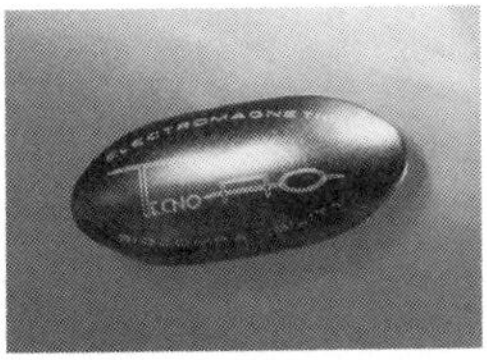

テクノAO MP12（携帯電話用）
販売価格　9,200円（税込）

電磁波ストレスって知っていますか？　パソコンや携帯電話などから出る電磁波を長時間浴びることで起きる体や神経からのSOSのことです。電磁波問題は、欧米では「二十一世紀の公害」「第二のアスベスト」といわれて、政府主導で対策も立てられていますが、日本では超低周波の規制はありません。テクノ AO の技術は電磁波をカットしたり、反射したり吸収するものではありません。生体の持つ防御能力を高めることで、電磁波の害を軽減するのです。MP12は携帯電話に貼ってお使いになることで、脳のアルファ波が増幅されます。
●サイズ：6㎜(H)×13.2㎜(L)×31㎜(W)／重さ：25g
●有効範囲：半径30㎝
【使用例】携帯電話・シェーバー・ヘアドライヤー（※スマートフォンにはPC15をお勧めいたします）

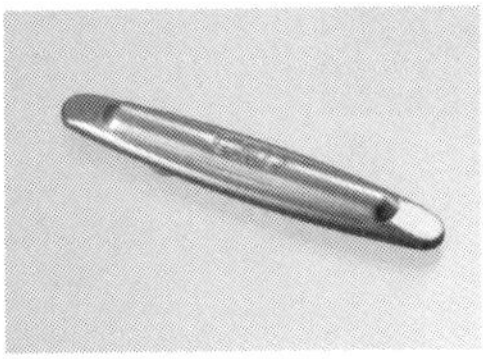

テクノAO PC15（一般家電用）
販売価格　14,300円（税込）

目が痛い、肩が凝る、よく眠れない、イライラする。こうした症状にお悩みの方、パソコンに長時間向かっていたり、携帯電話を頻繁に使っていたり、テレビゲーム・オンラインゲームに夢中だったりしていませんか？

「電磁波ストレス」の可能性があります。テクノ AO は脳がリラックスしているときに出すアルファ波と同じ8～12Hz前後に近いごく微弱な磁気を発振しています。テクノ AO があることで、脳のアルファ波が増幅され、活性化されます。またベータ波も自然に活性化されます。PC15はパソコン・スマートフォン・IH 調理器・ヘアドライヤーなどに貼ってお使いください。
●色：メタリックブルー／サイズ：5㎜(H)×61㎜(L)×10㎜(W)／重さ：3g／有効範囲：半径3～4m

ヒカルランド　好評既刊！

地上の星☆ヒカルランド　銀河より届く愛と叡智の宅配便

嘘まみれ世界経済の崩壊と天皇家ゴールドによる再生
世界を一つにまとめるのはやはりNIPPONだった！
著者：ベンジャミン・フルフォード／板垣英憲／飛鳥昭雄
四六ソフト　本体1,667円+税

『嘘だらけ世界経済』『日月神示ファイナルシークレット』
2つの刊行記念セミナーが合体して一冊の本になった！
誰も予想できなかった「世界と日本」
衝撃の描像。